임나일본부설은 허구인가

한일분쟁의
영원한 불씨를
넘 어 서

임나일본부설은
허구인가

김현구 지음

창비

『임나일본부설은 허구인가』는 고려대학교에서 교양과목으로 강의하던 '임나일본부와 고대한일관계'의 내용을 대중들이 이해하기 쉽게 쓴 책이다. '고대에 일본이 임나(＝가야)를 중심으로 한반도 남부를 200여년간 지배했다'는 임나일본부설(任那日本府說)은 그 내용이 일본 역사교과서에 수록되면서 한일 역사분쟁의 발단이 되고 있음에도 이에 대해 대부분의 한국사람들은 그 내용은 물론이거니와 중요성도 잘 모르는 듯하다.

강의 서두에 학생들에게 일본 학자들이 임나일본부설의 근거로 제시하는 자료들을 소개하면 대개 다음과 같은 반응이 나온다. "고등학교 국사시간에 임나일본부설이 정확히 무엇인지, 그것이 왜 허구인지에 대해서는 전혀 설명도 없이 '일본이 독도가 일본땅이란 주장과 같은 맥락으로 억지를 부리는 것이다'라든지 '임나일본부설은 일본인들이 지어낸 이야기다'라고만 배웠다. 그런데 일본 학자들의 주장이 논리적이고 설득력이 있다는 점에서 놀랐다." 혹은 "그들이 제시하는 자료를 보고 나도 모르게 어쩌면 그들의 주장이 진짜일지도 모르겠다는 생각이 들었으며 임나일본부 문제가 과거의 문제가 아니라 현재와 미래의 문제라는 것을 깨달았다"는 것이다.

이런 현상은 일본에서도 마찬가지다. 2001년 일본 나고야(名古屋)대학에서 '임나일본부 문제'와 관련된 강의를 한 적이 있다. 기존의 일본 측 주장이 자료로서나 논리로서나 성립될 수 없다는 나의 강의 내용에 학생들 대부분이 "혼란스러워졌다"거나 "그런 줄 전혀 상상도 못해봤다"는 소감이었다. 그럼에도 불구하고 한일 양국을 통틀어 임나일본부 문제에 대해 대중들이 쉽게 접할 수 있는, 어느 한쪽 주장에 치우치지 않은 객관적인 책이 전무한 상태다.

일본은 임나일본부설을 1592년 임진왜란이나 1910년 한일강제병합의 명분 중 하나로 삼았다. 과거 한반도 남부가 일본땅이었으므로 한반도를 다시 병합하는 것은 당연하다는 논리였다. 1945년 패전 후 임나일본부설은 잠시 수그러드는 듯하다가 일본 역사교과서에 다시 등장함으로써 한일간에 역사분쟁을 일으키고 있다. 임나일본부 문제를 분명히 규

명하지 못하는 한 일본이 한반도를 다시 침략할 경우 또 그 명분으로 삼을 것이 분명하다. 여기에 임나일본부설의 심각성이 있다.

이런 점에서 임나일본부설에 대한 올바른 인식 없이 한일간에 미래의 협력을 이야기한다는 것이 얼마나 공허한 구호인가를 알 수 있다. 역사는 미래를 비추는 거울이기 때문이다. 임나일본부설은 언제나 현재의 문제요, 따라서 미래의 문제다. 한일분쟁의 영원한 불씨요, 원천이기도 하다.

오늘날 인류사회가 나아갈 방향을 제시하고 이끌고 있는 것은 유럽연합(EU)이라고 생각한다. 지구촌 곳곳이 아직도 낡은 이념적 갈등이나 종교적, 지역적, 인종적 분쟁에서 벗어나지 못하고 있음에도 불구하고 EU는 이념·종교·지역·인종의 벽을 넘어 하나의 공동체를 향해 나아가고 있기 때문이다. 따라서 한·중·일이 중심이 된 동아시아 세계도 시차는 있지만 하나의 공동체를 향해 나아가지 않을 수 없을 것이다. 양적으로나 질적으로 늘어가는 삼국간의 교역량이 이를 잘 증명하고 있다.

그럼에도 불구하고 한·중·일이 중심이 된 동아시아 공동체에는 역사분쟁이 걸림돌로 작용하고 있다. 한일간에는 일본이 고대에 한반도 남부를 지배했다는 임나일본부설, 한중간에는 고구려가 중국의 지방정권에 불과했다는 내용으로 추진되는 동북공정(東北工程), 중일간에는 난징(南京)대학 살의 진상을 비롯한 여러 쟁점들을 둘러싸고 대립과 반목을 거듭하고 있기 때문이다. 그런데 일본 측의 '임나일본부설'이나 중국 측의 '동북공정'은 하나같이 동아시아 세계에 있어서 그들의 패권의식을 표출한 것이라고 할 수 있다. 따라서 동아시아 세계가 패권의식을 버리고 진정 하나의 공동체로 나아가기 위해서는 한·중·일 삼국간의 역사분쟁부터 하루빨리 해소하지 않으면 안된다.

다른 나라를 침략 또는 강제병합하면서 역사적 사실을 그 명분의 하나로 삼았다는 점에서 임나일본부설은 동아시아 역사분쟁의 상징이라고 할 수 있다. 따라서 동아시아에서의 역사분쟁을 해소하기 위해서는 먼저 임나일본부설의 실체부터 밝혀야 할 것이다. 그러나 아직도 한일간에는 객관적인 연구가 이루어지지 않고 있는 실정이다. 일본에서는 아직도 '임나일본부설'을 전제로 한 일본고대사의 틀이 그대로 유지되고 있고, 한국에서는 한반도 남부에서 활약한 '왜'의 존재가 무시된 채 한국고대사상이 그려지고 있다.

한일국교정상화(1965) 이후 한국인으론 처음 일본에 건너가 일본역사를 공부한 사람으로서 한일분쟁의 영원한 불씨요 원천이라고도 할 수 있는 임나일본부설의 실체를 밝혀 한일간의 역사분쟁을 종식하는 데 작은 도움이라도 되었으면 하는 바람에서 이 책을 썼다. 이 책이 동아시아가 하나의 공동체를 향해 나아가는 데 조금이라도 기여할 수 있다면 더할 나위 없는 기쁨이 되겠다. 그래서 이 책을 일본에서도 출판할 예정이다. 특히 금년은 한일강제병합 100년이란 역사적 해인 만큼, 한일 양국이 진실을 바탕으로 미래를 열어 갔으면 하는 마음 더욱 간절하다.

임나일본부설이 한일 양국에서 워낙 첨예한 문제라서 객관성을 담보하기 위해 가능한 한 상세히 관련자료를 제시하는 형태를 취하다보니 책의 내용이 약간 딱딱한 면도 없지 않다. 그러나 자료를 통해 하나하나 역사의 진실에 접근해가는 기쁨은, 다른 곳에서는 느낄 수 없는 즐거움이 될 것이다.

2010년 12월
一史 김현구

책을 펴내며 • 5

제1장 임나일본부설이란 무엇인가

1. '임나일본부설'이란 무엇인가 • 15
2. '한반도 남부경영론'은 어떻게 등장했는가 • 23
3. '한반도 남부경영론'의 근거는 무엇인가 • 25

제2장 야마또정권의 한반도 남부경영 실체

1. 한반도 남부경영 기원설화와
   토오꾜오제국대학의 『국사안(國史眼)』• 35
2. 목라근자(木羅斤資)의 가야7국 평정 • 42
3. 목라근자의 가야 구원 • 55
4. 임나 주둔 목군 유비기(木君有非岐)의 반란 • 60
5. 목군 윤귀(木君尹貴)의 임나부흥회의 주재 • 67
6. 키노 오노마로(紀男麻呂)의 임나 구원 • 74

제3장 목씨와 임나경영

1. 목(木)씨의 임나경영 • 83
2. 목(木)씨와 임나 • 95
3. 목(木)씨와 왜 • 101

제4장 백제의 임나경영이 어째서 왜의 임나경영이 되어버렸는가

1. 목라근자(木羅斤資), 목만치(木滿致) 부자의 임나경영 • 107

2. 목만치의 도일과 소가만지(蘇我滿智) • 110

3. 목씨의 임나경영이 어째서 야마또정권의 임나경영이 되어버렸
는가 • 121

제5장 왜와 한반도 각국의 관계는?

1. 야마또정권과 한반도 관계의 중심은 임나가 아니라 백제 • 129

2. 백제와 야마또정권의 관계의 실상은? • 140

3. 백제는 어째서 야마또정권의 원군을 필요로 했는가 • 149

제6장 일본열도에서 온 왜는 어떤 존재였는가

1. 「광개토대왕비문」에 보이는 왜 • 155

2. 『삼국사기』에 보이는 왜 • 168

3. 『송서(宋書)』 왜국전에 보이는 왜 • 170

4. 영산강 유역의 전방후원형(前方後圓形) 고분과 왜 • 180

결론을 대신하여 • 197

후기 • 200

연표 • 204

찾아보기 • 206

제1장

임나일본부설이란 무엇인가

1. '임나일본부설'이란 무엇인가

'임나일본부설(任那日本府說)'은 매스컴에 적잖이 등장하기 때문에 웬만한 사람이라면 막연하게나마 '고대에 일본이 한반도 남부를 지배했다는 설'이라는 정도는 알고 있다. 그러나 대부분의 사람들은 우리가 삼국시대부터 한자와 불교 등을 전달해주며 계몽시킨 일종의 야만인일 뿐이었다고 생각하던 일본이 도리어 한반도를 지배했다는 것은 말도 안되는 소리라고 여기고 있다. 그러면서도 일본이 왜 그런 주장을 하는지, 그 주장의 근거는 무엇이며 그것이 왜 중요한 문제인지는 아예 알려고도 하지 않는다.

한일관계전문가들 가운데도 '임나일본부설'의 정확한 의미를 모르는 경우가 태반이다

'임나일본부설'에 대해 고전적인 정의를 내린 사람은 일제시대 경성제국대학에서 교편을 잡았던 스에마쯔 야스까즈(末松保和)였다. 그는 "임나(任那)는 지리적으로 말하면 여러 한국 중의 하나인 구야한국(狗邪韓國, 김해가야=임나가야[1])에 기원하는데 백제·신라의 통일권 내에 들어가지 않는 모든 한국을 포함하는 지역의 총칭이며, 정치적으로 말하면 좀더 광대한 기구 중의 일부인 즉 임나가야를 중심으로 하는 여러 한국에 대한 직접지배체계로, 더욱이 그것만으로 한정된 것이 아니라 외곽에 간접지배의 백제·신라를 복속시켜서 임나·백제·신라의 3자를 합일시켜 고구려에 대항하는 것이었다"[2]고 정의한다. 요약하면 '야마또(大和)정권이 4세기 중반에서 6세기 중반까지 약 200여년간 한반도 남부의 임나를 직접 지배했고, 백제와 신라를 간접 지배했으며 그 지배기구로서 설치한 것이 임나일본부'였다는 것이다.

야마또정권은 당시 일본열도를 어느정도 통일·장악하고 있던, 지금의 쿄오또(京都)·오오사까(大阪)를 중심으로 하는

---

1 '가야(伽倻/伽耶/加耶)'가 일본 기록에는 '가라(加羅)'로 씌어 있지만 이 책에서는 특정 인용구를 제외하고는 '가야'로 통일한다.
2 末松保和『任那興亡史』, 吉川弘文館 1949, 69면.

삼국과 임나

정권을 의미한다. 당시엔 여전히 지방에는 다른 권력들도 존재하고 있었으므로 당시 일본열도를 대표하는 세력이라는 의미로 야마또정권이라는 표현이 사용되고 있다.

스에마쯔설에 의하면 야마또정권이 직접 지배했다는 '임나'는 백제·신라의 통일권 내에 들어가지 않은 한반도 남부의 모든 지역으로 한국에서는 일반적으로 '가야'라고 부르는 지역이다.

「광개토대왕비문(廣開土大王碑文)」의 내용은 당시의 기록일 뿐만 아니라 돌에 새겨져 있으므로 대단히 신뢰성이 높다. 이 비문의 400년 기록에는 고구려군이 왜를 추적하여 '임나가야(任那加羅)'에 이른 것으로 씌어 있다(영락 10년조). 이 경우 '임나가야'는 '○○가야' 중의 하나인 특정한 가야를 지칭하고 있음이 틀림없다. 그리고 '임나가야'의 약칭이 '임나'라는 사실도 더 이를 나위가 없다.

그런데 720년에 편찬된 일본 정사(正史)인 『일본서기(日本書紀)』 487년 기록에는 "키노 오히하노스꾸네(紀生磐宿禰)가 임나를 점거하고 고구려와 교통하였으며, 서쪽에서 장차 삼한의 왕 노릇을 하려고 관부를 정비하고 스스로 신성(神聖)이라고 칭하였다. 임나의 좌로(左魯)·나기타갑배(那奇他甲背) 등의 계책을 받아들여서 백제의 적막이해(適莫爾解)를 이림(爾林)에서 죽였다"(켄조오천황顯宗天皇 3년조)는 내용이 보인다. 이 내용에서 키노 오히하노스꾸네가 반란의 거점으로 삼았다는 '임나'나 그의 반란을 도왔다는 좌로·나기타갑배 등의 본관지인 '임나'는 여러 가야 중의 하나로 고구려와 교통할 수 있는 위치에 있던 특정 가야를 지칭하고 있음이 분명하다. 『일본서기』에도 「광개토대왕비문」처럼 '임나'가 특정한 가야를 지칭하는 의미로 쓰였던 것이다. 한편 『일본서기』 562년 기록에는 "신라가 임나관가(官家, 야마또정권의 직할령이라는 뜻)를 멸하였다. (…) 전체로는 임나라고 하는데 각각으로 말하면 가라국(加羅國)·안라국(安羅國)·사이기국(斯二岐國)·다라국(多羅國)·졸마국(卒麻國)·고차국(古嵯國)·자타국(子他國)·산반하국(散半下國)·걸손국(乞飡國)·임례국(稔禮國) 10국이다"(킴메이천황欽明天皇 23년조)라고 씌어 있어, 편자가 '임나'를 모든 '○○가야'를 포괄하는 의미로 사용하고 있었음을 알 수 있다. 그러나 『일본서기』의 이와 같은 특정 내용 이외에는 어디에도 '임나'가 모든 가야를 포괄하는 의미로 사용된 예가 없다. 따라서 '임나'가 원래는 특정 가야를 의미했지만 『일본서기』에서만 모든 가야를 의미하는 광의로도 사용되었음을 알 수 있다.

그렇다면 특정 가야를 의미하던 '임나'가 『일본서기』에서는 어째서 모든 '○○가야'를 의미하는 광의로도 사용되었는가

"키노 오히하노스꾸네가 임나를 점거하고 (…) 서쪽에서 장차 삼한의 왕 노릇을 하려고 관부를 정비하고 스스로 신성이라고 칭하였다"에 보이는, 특정 가야를 의미하는 '임나'는 야마또정권에서 파견된 키노 오히하노스꾸네가 주둔하고 있었다는 기록에서도 알 수 있는 것처럼 야마또정권이 한반도 남부를 지배하던 본거지로 되어 있다. 뿐만 아니라『일본서기』에 한반도 남부를 지배하기 위해 설치한 기관이나 직할령으로 되어 있는 '임나일본부(任那日本府)'나 '임나일본현읍(任那日本縣邑)' 등에 보이는 '임나'도 한반도 남부지배의 본거지라는 면에서 키노 오히하노스꾸네가 주둔하던 '임나'와 일치한다. 이처럼『일본서기』에 '임나'가 임나경영의 중심지로 되어 있으므로 자연히 '임나'가 모든 '○○가야'를 대표하는 의미로도 사용되기 시작한 것이 아닌가 생각한다.

그렇다면『일본서기』에 한반도 남부경영의 중심처럼 되어 있는 '임나가야'는 어디를 지칭하는 것일까

스에마쯔에 의하면 '임나'는 왜가 중국에 왕래할 때의 기착지인 구야한국 즉 '김해가야'에서 유래한다. 즉 협의의 '임나가야'는 김해가야라는 것이다. 그런데『일본서기』에는 임나가야가 한반도 남부지배의 거점인 것처럼 되어 있다. 따라서 한반도 남부지배의 거점이 밝혀져야 '임나'가 정확히 어디를 지칭하는지 밝혀질 수 있을 것이다.

스에마쯔설을 일본에서는 주로 남조선(南朝鮮)을 경영했다는 의미로 '남선(南鮮)경영론'이라고 부른다.[3] 그러나 한국에서는 스에마쯔설의 귀착점이 '임나일본부'에 있기 때문에 일반적으로 스에마쯔의 주장을 '임나일본부설'이라고 부른다.

그런데 스에마쯔설의 핵심은 야마또정권이 한반도 남부를 200여년간 지배했다는 데 있지 '임나일본부'라는 기구의 존재나 성격에 있는 것이 아니다. 그럼에도 불구하고 한국에서는 마치 문제의 핵심이 임나일본부라는 기구의 성격에 있는 양 그 성격을 둘러싸고, 야마또정권이 한반도를 지배하기 위해 설치한 '현지기관'이라는 스에마쯔의 설에 대해 '상관설(무역대표부)' '외교협의체설' '사신설' 등으로 논란이 거듭되고 있다. 그러나 이는 본말이 전도된 것이라고 할 수 있다. 스에마쯔가 야마또정권의 한반도 남부경영을 전제로 '임나일본부'를 한반도 남부를 지배하기 위해 설치한 기관이라고 결론지은 만큼 그 실체는 야마또정권이 정말 한반도 남부를 지배했는가 아닌가에 따라서 달라질 수밖에 없다.

---

3 石田英一郎「日本古代の南鮮經營は事實か」, 『朝鮮研究』 1968年 1月號; 김현구 『임나일본부연구』, 일조각 1993, 1면.

따라서 한국 학계에서 사용하고 있는 '임나일본부설'이라는 용어보다는 한반도 남부지배라는 본질을 담고 있는 일본 학계의 이른바 '남선경영론'이 더 타당하지 않을까 생각한다. 그러나 '남선경영론'은 '남조선경영론'을 줄인 말로 현재 한국에서 사용하는 용어와는 거리가 멀다. 따라서 '남선경영론'을 현재 한국에서 사용되는 용어로 바꾼다면 '한반도 남부경영론' 정도가 타당하다고 생각한다.

2010년 3월 활동을 마친 제2기 한일역사공동연구위원회의 한국 측 대표가 "일본의 야마또정권 세력이 한반도 남부에서 활동했을 수 있지만 임나일본부라는 공식본부를 설치해 지배활동을 했다고 볼 수는 없다는 데 의견을 같이했다"라고 발표하자 한국 언론은 마치 '임나일본부' 문제가 종결된 것처럼 일제히 소개했다. 대부분의 일반인들도 그렇게 믿고 있지 않을까. 그러나 임나일본부라는 기구의 존재는 부차적인 것이고 야마또정권이 한반도 남부를 지배했는가의 여부가 본질이라고 한다면 "일본의 야마또정권 세력이 한반도 남부에서 활동했을 수 있지만"이라는 내용에서 알 수 있듯이 왜가 한반도 남부에서 활약했다는 일본 측의 한반도 남부경영론을 완전히 부정한 것이라고는 할 수 없을 것이다. 그리고 '임나일본부'의 '日本(일본)'이라는 표현은 당시에는 생겨나지도 않은 말이다('일본'이라는 표현은 7세기 후반에야 생겨났다). 따라서 일본 측에서 당시에 '임나일본부'라는 기구가 존재하지 않았다는 데 동의했다는 것은 너무나 당연한 이야기다. 이를 마치 일본 측이 '임나일본부설'을 부정이라도 한 듯이 대서특필할 일은 아니다. 더구나 일본에서는 한반도 남부경영론을 전제로 한 일본고대사의 틀이 아직도 그대로 유지되고 있다. 한국에서는 임나일본부설의 본질을 제대로 이해할 필요가 있다. 당시 한반도 남부에서 활약한 왜의 성격을 분명히 하지 않는 한 언제든 변형된 한반도 남부경영론이 등장할 수 있기 때문이다.

2. '한반도 남부경영론'은 어떻게 등장했는가

일본에서 한반도 남부경영론이 언제 어떻게 등장하게 되었는가 하는 의문이 생긴다

그것은 연구가 시작된 시대상황을 알면 쉽게 이해된다. 한반도 남부경영론에 대한 초기의 대표적인 연구로는 칸 마사또모(菅政友)의 『임나고』 3권(『菅政友全集』 수록, 1907. 원고 완성은 1893년 5월), 나까 미찌요(那珂通世)의 「가야고」(『사학잡지』 제5편 제3호[1893년 3월]~제7편 제10호[1896년 10월]), 쯔다 소오끼찌(津田左右吉)의 「임나강역고」(『조선역사지리』 2권 1913), 이마니시 류우(今西龍)의 「가야강역고」(『사림』 제4권 3·4호[1917년 7·10월]) 등이 있다. 대부분 19세기말에서 20세기초 즉, 1910년 한일강제병합을 전후한 시기에 이루어졌음을 알 수 있다. 이들을 종합하여 체계화한 것이 스에마쯔 야스까즈의『임나흥망사』(吉川弘文館 1949)이다.『임나흥망사』는 1945년 패전 이후에 출판되었지만 정확히 말하면 1945년 이전에 발표한 것들을 정리한 책이다.

메이지유신(明治維新)의 주역 가운데 한 사람인 이와꾸라 토모미(岩倉具視)는 1871년 11월 12일부터 1873년 9월 13일까지 2년 가까이 특명전권대사로서 106명의 사절을 이끌고 구미 순방에 나서면서 그의 휴대수첩에 "스이꼬천황(推古天皇, 재위 593~628) 15년(607) 처음으로 견수사(遣隋使)를 파견하고 나서부터 지금에 이르기까지 1265년이 된다"고 기록함으로써 자신들을 최초로 수(隋)나라에 파견되었던 견수사에 비교하고 있다. 이는 메이지유신의 주역들이 당시 자신들이 수행하던 일의 명분을 역사 속에서 찾고 있었음을 시사한다.

그런데 1868년 메이지유신 직후부터 일본은 사이고오 타까모리(西鄕隆盛)의 정한론(征韓論)을 축으로 한일강제병합을 획책하고 있었다. 따라서 메이지유신의 주역들에게는 일본이 고대에 한반도 남부를 지배했었다는 사실이야말로 한일강제병합의 역사적 근거로서 더할 나위 없이 좋은 재료였던 셈이다. 1910년 한일강제병합을 전후한 시기에 관학자(官學者)들을 동원하여 한반도 남부경영론을 본격적으로 연구시킨 이유가 여기에 있었던 것이다. 고대에 일본이 한반도 남부를 지배하고 있었으므로 다시 한반도를 병합하는 것은 당연하다는 논리를 세우기 위해서였다.

3. '한반도 남부경영론'의 근거는 무엇인가

『일본서기』는 천황의 명에 의해 720년에 도네이(舍人)친왕 등이 편찬한 일본 최고의 사서다. 『일본서기』에는 야마또정권이 한반도 남부를 어떻게 점거해서 어떻게 지배했는가가 상당한 양에 걸쳐 비교적 소상히 기록되어 있다. 그런데 1145년에 편찬된 한국의 『삼국사기』에는 혁거세 8년(기원전 50)에서 소지왕 22년(기원후 500)까지 왜의 침입 내용이 29건이나 보인다. 그중에는 왜군이 신라의 서울이었던 금성(金城) 즉, 경주를 포위했다는 내용이 4건이나 된다. 따라서 일본 학자들은 『삼국사기』에 보이는 왜의 침입 내용은 『일본서기』에 보이는 야마또정권의 한반도 남부경영을 잘

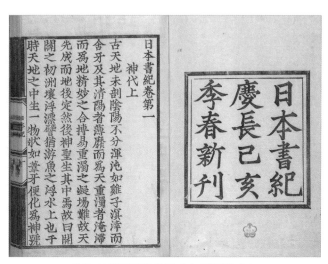

한반도 남부경영론의 근거가 된『일본서기』

뒷받침하고 있다고 생각한다. 더구나 한국 사서(史書)에 의해 뒷받침되고 있으므로 좋은 증거가 될 수 있다는 것이다.

일본 학자들은 「광개토대왕비문」이나 중국의 『송서(宋書)』도 『일본서기』에 보이는 한반도 남부경영의 증거가 될 수 있다고 주장한다. 광개토대왕비는 414년 고구려 장수왕이 부(父) 광개토왕의 훈적(勳績)을 기리기 위해 압록강 북쪽 현재의 중국 지린성(吉林省) 지안현(集安縣)에 세운 것이다. 그 비문에는 404년 왜가 '대방계'(帶方界, 현재의 황해도)까지 올라가 고구려와 싸운 것으로 씌어 있다(영락 10년조). 한국 학계에서는 일본 측이 「광개토대왕비문」 일부에 회칠을 해

광개토대왕비문

왜의 진격 루트와 대방계

서 위조했다는 주장도 없지 않다. 그러나 404년 내용은 한일

학계에서 회칠을 해서 고쳤다는 논란도 없을 뿐만 아니라

그 내용도 단순해서 해석에도 이의가 없다. 따라서 왜가 황

해도까지 올라가서 고구려군과 싸우기 위해서는 한반도 남

부의 가야나 백제, 신라 등을 통과하지 않으면 안되므로, 일

본학자들은 「광개토대왕비문」의 내용은 당시 야마또정권이

임나를 직접 지배하고 백제와 신라를 간접 지배했다는 『일본서기』의 내용을 뒷받침할 수 있는 확실한 자료라고 주장한다.

한국 학계에서는 왜가 대방계까지 올라가며 한반도 내륙을 통과한 것이 아니라 바다를 통해 곧바로 올라갔을 수도 있다는 반론도 있다. 그러나 비문의 400년 기록 "대왕은 보병과 기병 5만을 파견하여 신라를 구원케 하였다. (…) 관군이 바야흐로 이르자 왜적이 물러가므로, 뒤를 타고 급히 추격하여 '임나가라'의 종발성(從拔城)에 이르렀다"(「광개토대왕비문」 영락 10년조)에서 당시 대방계까지 올라간 왜의 거점이 '임나가라(임나가야)'였음을 알 수 있다. 그렇다면 왜가 '대방계'까지 북상할 때도 '임나가라' 즉 한반도 내륙을 거쳤다고 생각하는 것이 타당할 것이다.

심약(沈約, 441~513)이 편찬한 중국의 『송서』 왜국전에는 찬(讚)·진(珍)·제(濟)·흥(興)·무(武) 등 왜의 5왕이 421년부터 478년까지 중국에 조공한 내용이 서술되어 있다. 그런데 『송서』 왜국전에는 위의 5왕 가운데 진이 438년 송에 사신을 파견하여 '사지절도독 왜·백제·신라·임나·진한·모한 6국제군사 안동대장군 왜국왕'(황제의 명을 받아서 왜·백제·신라·임나·진한·모한 6국의 군사를 관장하는 안동대장군 겸 왜국왕)을 자칭하면서 그 승인을 요구한 이래 478년에는 무가 '사지절도독 왜·백제·신라·임나·가라·진한·모한 7국 제군사 안동대장군 왜국왕'을 자칭하는 등 소위 왜 5왕이 한반도 남부에 대한 제(諸)군사권을 자칭한 것으로 씌어 있다. 따라서 일본 학자들은『송서』의 내용도『일본서기』에 보이는 왜의 한반도 남부경영을 잘 입증하고 있다고 주장한다. 더욱이『송서』는 제3국의 사서이기 때문에 신뢰성이 높다는 것이다.

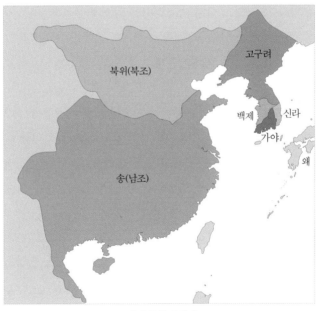

5세기의 동아시아

한국에서는 『일본서기』나 『삼국사기』, 「광개토대왕비문」
은 차치하고 중국의 『송서』에도 왜가 한반도 남부에 대한 군
사권을 자칭하고 중국이 그 작위를 승인한 내용을 접하고
충격을 받은 사람들이 적지 않다. 그래서 미국 유학중에 잠
시 자신의 전공을 접거나 저명한 대학교수가 아예 전공을
바꿔 고대한일관계 연구에 뛰어든 경우도 있다.

그러나 일반인들은 『송서』나 「광개토대왕비문」은 물론
『일본서기』의 내용을 잘 모른다. 그러면서도 일본 측 주장은
근거도 없는 말도 안되는 소리라고 일소에 부치고 있다. 일
본 측이 한반도 남부경영론을 주장하는 근거가 무엇이고 그
것이 왜 중요한지 알려고도 하지 않는다. 당시 한자나 불교
뿐만 아니라 철, 건축기술 등 거의 모든 선진기술을 한반도
가 전해주었는데 미개한 왜가 선진 한반도를 지배했다는 것
은 있을 수 없다는 생각이 자리잡고 있기 때문이다. 이에 대
해 일본에서는 게르만 민족이 로마를 멸망시키고, 여진족이
명(明)을 멸망시켰듯이 문화수준이 낮은 나라가 선진국을
정복하지 못한다는 법도 없다고 주장한다.

그런데 『삼국사기』에서 왜를 다루는 부분은 대부분 왜가
단순히 신라를 침입하는 내용만 씌어 있고, 「광개토대왕비
문」에는 왜가 고구려나 신라와 싸우는 내용만 있으며, 『송
서』의 왜 관계 내용도 포괄적으로 한반도 남부에 대한 군사

권의 자칭과 승인뿐으로 왜가 한반도에서 어떤 역할을 했는 가를 구체적으로 보여주는 내용은 거의 없다. 따라서 일본 학자들은 구체적으로 왜가 한반도 남부를 어떻게 지배했는 가 하는 소위 '한반도 남부경영'에 대해서는 거의 『일본서 기』에 의존하고 있는 실정이다.

그러나 『일본서기』의 한반도 관계 내용은 역사적 사실에 반하거나 상호간에 모순되는 부분이 대단히 많아 일본에서 도 그 사료비판 능력에 따라 학자의 레벨이 결정된다고 일 컬어질 만큼 많은 문제점을 지닌다. 따라서 한국 학계에서는 대체로 『일본서기』의 한반도 관계 내용을 신뢰할 수 없는 것 으로 간주한다. 『일본서기』에 보이는 한반도 지배는 말도 안 되는 소리라고 일소에 부치는 이유가 여기에 있다.

그럼에도 불구하고 한국 학계에서는 『일본서기』에서 한 국에 유리한 내용은 사실로 간주하고 있다는 데 그 모순이 있다. 예를 들면 백제의 왕인(王仁)박사가 일본에 천자문을 전해주고 노리사치계(奴唎斯致契)가 불교를 전해줬다는 등 삼국이 일본에 선진문물을 전해준 내용은 『일본서기』에만 보이고 『삼국사기』 등 한국 측 기록에는 전혀 보이지 않는 다. 그런데 한국 학계에서는 『일본서기』의 한반도 남부경영 에 관한 내용은 허구라고 부인하면서도 한자나 불교 등 선 진문물을 일본에 전해주었다는 등 한국에 유리한 내용은 사실로 간주하여 중고등학교 역사교과서에서 소개하고 있는 것이다.

1985년 춘천 H대학교 주최로 「동양 고대문헌의 신빙성」이라는 제목의 심포지엄이 개최되었다. 일본문헌에 대한 발표를 맡았던 나는 '일본 최고 사서인 『일본서기』는 그 명칭조차 분명하지 않고 그 내용에도 문제가 많지만 중요한 역사적 사실도 담고 있는 만큼 그 내용을 믿을 수 없다고만 할 것이 아니라 그 내용을 하나하나 객관적으로 검토하여 날조된 것은 버리고 역사적 사실은 받아들여야 한다'는 요지로 발표했다. 그런데 이튿날 유력 일간지들이 내 의도와는 반대로 "김현구 교수, 『일본서기』 허구설 주장"이라는 제목으로 전날의 심포지엄을 대대적으로 소개했다. 『일본서기』에 대한 한국 매스컴의 태도를 잘 보여준 사례라고 생각한다. 한국 언론은 한반도 남부경영론을 부정하기 위해 『일본서기』가 허구임을 강조한 것이다. 이제부터라도 『일본서기』에 대한 객관적인 사료비판을 통해 어떤 것은 사실이고 어떤 것은 작위·윤색되었는지를 밝히고 객관적으로 확인된 사실들을 바탕으로 한반도 남부경영론을 비판해야 할 것이다.

제2장

야마또정권의 한반도 남부경영 실체

1. 한반도 남부경영 기원설화와 토오꾜오제국 대학의『국사안(國史眼)』

19세기 일본 학계에 처음으로 한반도 남부경영론이 등장했을 때에는『일본서기』의 '징구우황후(神功皇后)조'[4]에 보이는 설화를 왜의 한반도 남부지배의 기원으로 삼았다(9년조). 그리고 야마또(大和)정권이 한반도 남부를 지배했다는 사실을 부동의 전제로 하여『일본서기』에 보이는 임나 관련 지명이나 그 범위 등을 고증하는 데 주력했다. 예를 들면 한반도 남부지배를 전제로 그 근거지로 되어 있는 '임나'라는

---

[4] 이 책에서 '○○천황조'는『일본서기』의 각 ○○천황에 관한 기록을 의미한다. 단, 징구우황후조는 징구우황후 섭정기의 기록이다.

명칭의 유래라든가, 위치, 범위 등을 고증하는 데 주력했던 것이다.

당시 '한반도 남부경영론'에 대한 메이지정부의 입장을 잘 나타내는 자료는 관학을 대표하던 시게노 야스쯔구(重野安繹), 쿠메 쿠니따께(久米邦武), 호시노 히사시(星野恒) 등 3인이 쓴『국사안(國史眼)』(1888)으로, 이 책은 1887년『일본사략(日本史略)』이라는 제목으로 초판을 냈다가 이후 구성을 가다듬어 개정했고 1888년에 토오꾜오제국대학 국사학과에서 교과서로 채택되었다. 관학을 대표하는 학자들이 편찬한 최초의 통사요, 메이지정부가 최초로 세운 토오꾜오제국대학의 학과교재로 사용되었다는 점이 주목할 만하다. 이『국사안』에 한반도 지배의 기원으로서 제시된 것이『일본서기』의 징구우황후조에 보이는 소위 '징구우황후(神功皇后)의 삼한정벌'이다.

그 내용을 소개하면 다음과 같다.

9년 겨울 10월 3일, 와니노쯔(和珥津, 쯔시마의 포구)에서 출발하였다. 이때 바람의 신이 바람을 일으키고, 파도의 신이 파도를 일으켜 바다 속의 큰 고기들이 다 떠올라 배를 도왔다. 바람은 순풍이 불고 범선은 파도를 따라갔다.

노를 쓸 필요도 없이 곧 신라에 이르렀다. 그때 배에 따른 파도가 멀리 나라 안에까지 미쳤다. 이것으로 하늘의 신과 국토의 신이 모두 도와준 것을 알았다. 신라왕은 전전긍긍하며 어찌할 바를 몰랐다. 여러 사람이 모여서 "신라 건국 이래 바닷물이 나라 안에까지 올라온 일을 듣지 못하였다. 천운이 다해 나라가 바다가 되는 것이 아닌가"라고 말하였다. 그 말이 채 끝나기도 전에 수군이 바다를 메우고, 깃발들이 햇빛에 빛나고 북과 피리 소리가 산천에 울렸다. 신라왕은 멀리 바라보고, 생각 밖의 군사들이 자기 나라를 멸망시키려 한다고 생각하였다. 두려워 싸울 마음을 잃었다. 마침내 정신을 차리고 "내가 들으니 동쪽에 신국(神國)이 있다. 일본이라고 한다. 또한 성왕(聖王)이 있다. 천황이라고 한다. 반드시 그 나라의 신병(神兵)일 것이다. 어찌 군사를 내어 방어할 수 있겠는가"라고 말하고 백기를 들어 항복하였다. 흰 줄을 목에 감고 스스로를 포박하였다. 토지의 도면과 인민의 호적을 바치고, 왕선 앞에서 항복하였다. 그리고 "금후는 길이 하늘과 땅처럼 엎드려 미마까히(飼部, 말을 관장하는 부서)가 되겠습니다. 배의 노가 마를 사이 없이, 춘추로 말빗과 말채찍을 바치겠습니다. 바다가 멀지만 매년 남녀의 조공을 바치겠습니다"라고 말하였다. 거듭 맹세하여 "동에서 나오는 해가서에서 나오지 않는 한, 아리나례강(阿利那禮河)이 역류하고 강의 돌이 하늘에 올라가 별이 되는 일이 없는 한, 춘추의 조공을 빼거나 태만하여 빗과 채찍을 바치지 아니하면 하늘의 신 땅의 신과 함께 죄를 주십시오"라고 말하였다. 그때 어떤 사람이 "신라왕을 죽입시다"라고 하였다. 이에 황후가 "처음에 신의 가르침에 따라 장차 금은의 나라를 얻으려고 하였다. 또한 삼군에 호령하여 '스스로 항복하여 오는 자는 죽이지 말라'고 말한 바 있다. 지금 이미 재국(財國)을 얻었다. 사람이 스스로 항복하였다. 죽이는 것은 상서롭지 못하다"라고 말하고, 그 결박을 풀어 미마까히의 일을 맡겼다. 드디어 그 나라 안에 들어가, 중보(重寶)의 곳간을 봉하고 토지와 호적의 문서를 거두었다. 황후가 가지고 있던 창을 신라왕궁 문에 세우고, 후세의 표시로 삼았다. 그 창이 지금도 신라왕궁의 문에 서 있다. 신라왕 파사매금(波沙寐錦)은 미질기지파진간기(微叱己知波珍干岐)를 인질로 하고, 금은채색 및 능라겸견(綾羅縑絹)을 80척의 배에 실어 관군을 따라가게 했다. 이로써 신라왕은 항상 배 80척의 조(調)를 일본국에 바친다. 이것이 그 연유다. 이에 고려(고구려), 백제 두 나라 왕은 신라가 호적과 땅문서를 거두어 일본국에 항복하였다는 것을 듣고, 몰래 그 군세를 엿보게 하였다. 도저히 이길 수 없다는 것을 알고는 스스로 영외에 와서 머리를 땅에 대고 "금후는 길이 서번(西蕃, 서쪽 오랑캐)이라 일컫고 조공을 그치지 않겠습니다"라고 말하였다. 이로 인해 직할령으로 정하였다. 이것이 소위 삼한이다. 황후는 신라에서 돌아왔다(9년조).

이것이 토오꾜오제국대학 교재였던 『국사안』에 신라, 백제, 고구려 등 소위 '삼한'이 일본의 속국이 되는 기원으로 실려 있는 내용이다. 그러나 오늘날 시각에서 본다면 논리적으로나 객관적으로 징구우황후의 삼한정벌을 그대로 역사적 사실이라고 생각할 사람은 아무도 없을 것이다. 현재는 학문적으로도 징구우황후의 삼한정벌은 사이메이천황(齊明天皇, 재위 655~61, 35대 코오교꾸천황皇極天皇이 다시 등극함)이 663년 백제부흥군을 지원하기 위해 400여척의 배에 2만 7000여명의 군대를 백촌강싸움[5]에 파견한 사건을 모델로 하여 가공된 이야기라는 것이 통설이다. 징구우황후와 사이메이천황은 다같이 여성이고 이름이 '따라시'로 같고, 한반도에 출

---

5 당시 일본군과 백제부흥운동군은 신라·당나라 연합군과 이틀에 걸친 백촌강싸움에서 패배함으로써 백제는 완전히 소멸하게 되었다. 여기서 백촌강(白村江)은 오늘날의 금강(錦江) 하구를 말한다. 금강은 지역에 따라 각각 다른 이름으로 불렸다고 생각되는데, 한국 측 기록에 보이는 백강(白江)에 비해 일본 측 기록에 보이는 백촌강은 특정 지점을 의미하는 것으로 생각되어 백촌강으로 표기한다.

징구우황후의 삼한정벌과 사이메이천황의 백촌강싸움 파병			
구분	징구우	사이메이	공통점
신분	황후	여왕	여성
이름	오끼나가따라시	아메또요따까라이까시히따라시	따라시
전쟁	삼한정벌	백촌강싸움	한반도원정
대상	신라	신라, 당	신라

징구우황후와 모델이 된 사이메이천황의 대비

병했으며 상대가 신라라는 공통점이 있기 때문이다. 그럼에도 불구하고 20세기초 일본의 당대 일류학자들은 이 징구우황후의 삼한정벌 내용을 합리적인 비판도 없이 신라를 비롯해서 백제, 고구려가 일본의 속국이 되어 조공을 바치기 시작한 기원으로 소개하고 토오꾜오제국대학 국사학과의 교과서에도 실었다. 게다가 당대의 수재들이라고 할 수 있는 토오꾜오제국대학 학생들도 별다른 의심 없이 고대 일본의 한반도 남부 지배의 기원으로 이를 받아들였던 것이다.

지금도 일부 신사에서는 이 징구우황후의 삼한정벌 내용을 사실인 양 그대로 소개하고 있어, 보는 사람들에게 적지 않은 영향을 미치고 있다. 또한 일본의 저명한 학자들 중에는 아니 땐 굴뚝에 연기가 날 리 없다며 아무런 근거도 없이 이런 기록이 생겨날 리가 있느냐고 여전히 반문하는 사람도 적지 않다.

그러나 시간이 지나면서 한일강제병합을 앞두고 그 역사적 근거를 마련하기 위해 들고 나왔던 징구우황후의 삼한정벌을 사실이라고 그대로 믿는 사람은 없게 되었다. 하지만 일본 학계는 설화적인 내용들을 제외하고 그 내용이 상당히 구체적이어서 어느정도 역사적 사실을 반영하고 있는 것처럼 보이는 내용들을 가지고 한반도 남부경영론을 체계화해나갔다. 그 대표자가 앞에서 언급한 스에마쯔라고 할 수 있다.

스에마쯔는 369년 신라를 파하고, 가야7국을 평정한 다음 백제를 서번(西蕃)으로 삼는 내용(징구우황후 49년조)을 임나를 직접 지배하고 백제와 신라를 간접 지배했다는 한반도 남부경영의 기원으로 삼았다. 또한 382년 야마또정권이 외부 침략을 받은 가야(고령가야)를 구원하는 내용(징구우황후 62년조)을 임나와의 관계를 강화한 계기로 보고 있으며, 487년 임나에 주둔하고 있던 키노 오히하노스꾸네(紀生磐宿禰)가 반란을 일으키는 내용(켄조오천황顯宗天皇 3년 시세조)을 야마또정권이 군대까지 주둔시키고 있던 증거로 들고 있다. 그리고 6세기 전반 오우미노 케나노오미(近江毛野臣)의 한반도 남부에서의 활약(케이따이천황繼體天皇 507~31)을 임나경영을 보여주는 예로 들고 있으며, 562년 신라에 멸망한 임나를 구원하기 위해 키노 오노마로(紀男麻呂)가 출동하는 내용(킴메이천황

임나 관계 주요 연표	
연대	주요 사건
369년	가야7국 평정
382년	대가야(임나, 고령가야) 구원
5세기 전반	삼기문에 군대 진주
487년	임나주둔군의 반란
529년	임나부흥회의
562년	임나 구원군 파견

임나경영의 주요 연표

欽明天皇 23년조)을 왜가 한반도 남부를 지배하고 있었음을 보여주는 증거로 제시하고 있다. 이번 2장에서는 위의 사건들을 하나씩 검토해보며 그 신빙성을 따져보려고 한다.

2. 목라근자(木羅斤資)의 가야7국 평정

현재 일본의 통설에서 한반도 남부경영의 기원으로 제시하는 근거는 369년 신라를 격파하고 가야7국을 평정한 다음 백제를 서번으로 삼았다는 내용이다.[6]

먼저 내용을 소개하면 다음과 같다.

　49년 봄 3월, 아라따와께(荒田別)·카가와께(鹿我別)를 장군으로 삼아 구저(久氐) 등과 함께 병사를 거느리고 탁순국(卓淳國, 대구)에 이르러 장차 신라를 치려고 하였다. 이때 어떤 사람이 "군대가 적어서 신라를 깨뜨릴 수 없으니, 다시 사백(沙白)과 개로(蓋盧)를 보내어 군사를 늘려주도록 요청하십시오"라고 말했다. 곧 목라근자(木羅斤資)와 사사노궤(沙沙奴跪)에게〔이 두 사람은 그 성을 모른다. 단 목라근자는 백제장군이다〕정병을 이끌고 사백·개로와 함께 가도록 명령하였다. 함께 탁순에 모여 신라를 격파하고 이어서 비자벌(比自㶱, 창녕)·남가야(南加羅, 김해)·녹국(喙國, 경산)·안라(安羅, 함안)·다라(多羅, 합천)·탁순(卓淳)·가야(加羅, 고령＝대가야) 7국을 평정하였다.[7] 또,

---

6 징구우황후 49년조. 당시는 간지(干支, 간은 갑·을·병·정 등이고 지는 자·축·인·묘 등이다)로써 연대를 표시했는데 같은 간지가 60년마다 돌아오므로 60년의 오차는 흔히 발생한다. 그런데 징구우황후조와 오오진(應神)천황조의 한국 관계 내용은 120년을 더해야 실제 연대와 일치한다는 사실이 밝혀졌다. 따라서 징구우황후조 49년은『일본서기』연대로는 249년이지만 실제 연대로는 369년이 된다. 이후로는 징구우황후조와 오오진천황조의 연대는 실연대로 표시한다.
7 특별한 경우가 아니면 지명 비정(比定)은 스에마쯔의 설을 따랐다.

군대를 옮겨 서쪽으로 돌아 고해진(古奚津, 강진)에 이르러 남만(南蠻) 침미다례(忱彌多禮, 강진)를 무찔러 백제에 주었다. 이에 백제왕 초고(肖古, 근초고왕)와 왕자 귀수(貴須, 근구수)가 군대를 이끌고 와서 만났다. 이때 비리(比利, 전주)·벽중(辟中, 김제)·포미지(布彌支, 미상)·반고(半古, 나주 번남) 4읍이 스스로 항복하였다. 이 때문에 백제왕 부자와 아라따와께·목라근자 등이 함께 의류촌(意流村, 지금은 주류수기州流須祇라고 한다)에 모여서 서로 기뻐하고 후한 예로써 맞이하였다. 오직 지꾸마 나가히꼬(千熊長彦)와 백제왕은 백제국에 이르러서 벽지산(辟支山, 김제)에 올라가 회맹하였다. 다시 고사산(古沙山, 고부)에 올라 함께 반석 위에 앉았다. 이때 백제왕이 맹세하여 말하였다. "만약 풀을 깔아서 자리를 만든다면 불에 탈까 두렵고, 나무로 자리를 만든다면 물에 떠내려갈까 걱정된다. 그러므로 반석에 앉아 맹세하는 것은 오래도록 썩지 않을 것을 보여주는 것이니, 이로써 지금 이후 천년 만년 끊이지 않고 항상 서번(西蕃)이라 칭하고 봄 가을로 조공하겠다." 곧 지꾸마 나가히꼬를 거느리고 도읍에 이르러 후하게 예를 더하고 구저 등을 함께 보냈다(진구우황후 49년조).

위 내용에는 야마또정권이 신라를 격파하고 비자벌·남가

야·녹국·안라·다라·탁순·가야 등 가야7국을 평정한 다음 백제까지도 서번으로 삼은 것으로 씌어 있다.[8] 임나를 직접 지배하고 백제와 신라를 간접 지배했다는 소위 한반도 남부 경영론이 징구우황후 49년 기록을 근거로 삼고 있는 이유가 여기에 있다.

그러나 징구우황후 49년 기록을 세밀히 살펴보면 야마또정권의 작전이라기보다는 오히려 백제의 작전이 아닌가 하는 의문이 생긴다

우선 이 작전에는 왜에서 동원된 군대의 흔적이 전혀 보이지 않는다. 징구우황후 49년(369) 기록에 보이는 작전은 두 갈래로 이루어지고 있다. 위 내용에서 백제장군으로 되어 있는 목라근자가 이끄는 일군은 탁순(卓淳, 대구)에서 집결하여 신라를 격파하고 가야7국을 평정한 다음 한반도 남해안의 서쪽으로 진격하여 고해진(강진)에 이르러 남만 침미다례 (강진)[9]를 취해서 백제에 주고 있다. 그리고 백제 근초고왕

---

8 한국 측 기록에는 아라가야, 금관가야, 성산가야, 소가야, 고령가야 등 6가야가 존재했던 것으로 되어 있지만 『일본서기』에는 이름이 다르게 나온다.
9 강진과 제주도 두가지 설이 있지만 당시 제주도를 직접 정벌하는 것은 무리라고 생각되어 여기서는 강진설을 따른다.

가야7국과 침미다례

(재위 346~75)[10]과 왕자 근구수(뒤에 근구수왕, 재위 375~84)가 이
끄는 다른 군대는 수도 한성(현재의 서울)에서 남하하여 고
해진으로 내려가고 있다. 이때 양군 사이의 지역에 해당하는
비리(전주)·벽중(김제)·포미지(미상)·반고(나주 번남) 4읍
이 스스로 항복한 것으로 되어 있다. 따라서 두갈래 군대는
전부 백제군으로 이 작전은 가야7국을 평정하고 옛 마한 지

---

10 『일본서기』에 보이는 초고왕과 귀수왕은 『삼국사기』의 근초고왕, 근구
　수왕과 그 재위연대가 일치한다. 즉 『일본서기』의 초고왕과 귀수왕은
　근초고왕, 근구수왕을 의미한다.

역을 정벌한 백제의 작전임을 알 수 있다.

백제 근초고왕과 왕자 근구수가 이끌고 백제 수도 한성에서 고해진으로 직행한 군대가 백제군이라는 것은 이를 나위가 없다. 그러나 일본 학계는 탁순에서 집결하여 신라를 격파하고 가야7국을 평정하는 나머지 군대는 야마또정권의 군대라고 주장하고 있다.

탁순에 집결하여 가야7국을 평정하는 군대의 책임자는 신라를 치러 왔다는 야마또정권의 아라따와께·카가와께가 아니라 증원군이라는 형태를 띠고 등장한 백제장군 목라근자였다고 생각한다

먼저 아라따와께·카가와께는 성과 씨만 기록되어 있을 뿐 이름도 기록되어 있지 않을 뿐만 아니라 다른 문헌에서는 전혀 확인되지 않는 것으로 보아 가공의 인물일 가능성이 높다.[11] 아라따와께·카가와께의 목적은 신라를 정토하려는 것인데 신라를 정토하는 구체적인 이야기는 하나도 없고 '신라를 격파했다'는 간단한 한마디뿐이고 실제로는 가야7국 평정 등 그들이 한반도에 온 목적과는 전혀 다른 작전이 이루어지고 있기 때문이다.

---

11 고대 일본에서는 혈연을 나타내는 씨와 야마또정권에서의 신분을 나타내는 성이 각각 있었는데 '아라따(荒田)'와 '카가(鹿我)'는 각각 씨에 해당되고 '와께(別)'는 성에 해당된다.

그들이 가공의 인물이라는 점은 '일본 근대사학의 아버지'라 일컬어지는 쯔다 소오끼찌(津田左右吉)도 이미 지적한 바 있다.[12] 반면에 목라근자는 이때 평정한 것으로 되어 있는 가야7국 중 하나인 가야(고령가야＝대가야)가 382년 외부의 침략을 받자 다시 그 구원에 나서고 있을 뿐만 아니라 그의 뒤를 이어 아들 목만치(木滿致)를 비롯하여 그 일족들이 도맡아서 가야를 경영하고 있다. 예를 들면 『일본서기』 오오진(應神)천황조에는 "목만치는 바로 목라근자가 신라를 칠 때에 그 나라의 여자에게서 낳은 아이다. 아버지의 공으로 임나 일을 전담하였다"(25년조)고 씌어 있어 아들 목만치가 부(父) 목라근자의 임나에서의 공을 바탕으로 그의 뒤를 이어서 임나를 경영했음을 알 수 있다. 이런 면에서 탁순에서 출발하여 가야7국 등을 평정한 군대의 책임자는 아라따와께 등이 아니라 목라근자가 틀림없다.

『일본서기』 369년 기록의 가야7국 평정에 대한 주석에 의하면, 목라근자는 백제장군으로 씌어 있다. 더구나 목(木)씨는 일본에는 없고 백제에만 있는 성씨다. 한편 그 아들 목만치는 『삼국사기』 475년 기록에서 고구려 장수왕의 공격으로 한성이 함락되자 문주왕을 따라 공주로 남천하는, 백제에 실

<hr>

12 津田左右吉 『古事記及日本書紀の研究』, 岩波書店 1924, 635면.

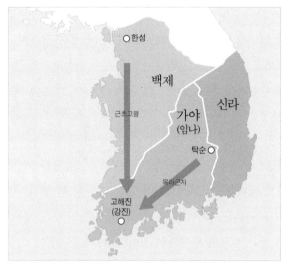

백제의 옛 마한 지역에 대한 양갈래 작전

재했던 인물로 확인된다(개로왕 21년조). 목만치가 백제의 실
존인물이었다는 면에서도 그 아버지 목라근자는 백제인임
이 틀림없다.

목라근자가 거느린 군대가 백제군이었다는 것은 '남만 침
미다례를 취해서 백제에 주었다'는 내용으로도 알 수 있다.
침미다례(강진)는 백제에서 볼 때에는 남쪽에 있으므로 '남
만(南蠻)'이라고 할 수 있지만 일본에서 볼 때에는 서쪽에 있
으므로 '서융(西戎)'이나 '서만(西蠻)'이 되어야지 '남만'이

될 수 없다.[13] 따라서 '남만' 침미다례를 취한 것은 야마또정권이 아니라 백제일 수밖에 없고 그 주인공은 당연히 백제인이었을 것이다. 이런 면에서도 탁순에서 출발하여 침미다례를 취한 일군의 책임자는 백제장군이어야 하고 그 책임자는 백제장군 목라근자였음을 알 수 있다.

그런데 『일본서기』 편자가 백제장군인 목라근자를, 이름은 없고 성과 씨만 있는 왜장 아라따와께·카가와께의 증원군으로 갖다붙임으로써, 가야7국 평정이나 '남만' 침미다례 정복 등 목라근자가 이끄는 백제군의 작전이 전부 야마또정권에 의한 것처럼 되어버린 것이다. 여기서 가공의 인물 아라따와께·카가와께가 '신라를 격파했다'는 이야기만 제외한다면 가야7국 평정 이하의 기록은 야마또정권과는 전혀 무관한 백제의 이야기라고 할 수 있다.

야마또정권이 가야7국 평정 이하의 작전 주체가 될 수 없다는 것은 군대의 집결지를 보더라도 알 수 있다. 야마또정권의 가야7국 평정군 집결지는 현재의 대구로 보이는 탁순으로 되어 있다(탁순은 대구의 옛 이름인 달구벌達句火과 음이 통한다). 그런데 탁순은 현해탄을 건너온 야마또정권의

---

13 고대 중국에서는 주변의 이민족에 대해 동이(東夷), 서융(西戎), 남만(南蠻), 북적(北狄)이라고 낮추어서 불렀다. 따라서 침미다례는 일본에서 본다면 서융이라고 표현했어야 할 것이다.

군대가 그들이 정벌하려는 대상인 가야7국을 뚫고 북쪽으로 올라가야만 도착할 수 있는 내륙으로 왜가 가야7국 등 한반도 남해안 지역을 정벌하려는 집결지가 될 수 없다. 반면에 탁순은 가야지역의 북부에 자리잡고 있으므로 가야7국의 북쪽에 있던 백제가 가야7국 등 한반도 남해안을 평정하는 출발지로는 안성맞춤이라고 할 수 있다. 이런 면에서도 탁순에 집결한 군대는 백제군대일 가능성이 높다.

가야7국을 평정한 것이 백제라는 사실은 『일본서기』케이따이천황조(507~531)나 킴메이천황조(540~570) 등에서도 확인된다

케이따이천황 509년 2월 기록에는 "사자를 백제에 보냈다. 임나의 일본현읍에 있는 백제의 백성 가운데 도망해와서 호적이 끊어진 지 3, 4대 되는 자를 모두 찾아내어 백제로 옮겨 호적에 올리게 하였다"(3년 2월조)라고 씌어 있어 509년부터 소급해서 3, 4대 전, 즉 백제가 가야7국을 평정했다는 근초고왕·근구수왕 때부터 백제 백성들이 임나지역에 들어가서 생활하고 있었음을 보여준다. 다시 말하면 근초고왕·근구수왕 때 백제가 가야7국을 평정한 뒤부터 백제 백성을 임나지역에 이주시켜 백제화를 추진하고 있었음을 알 수 있다.[14]

---

14 위 내용 중 '백제 백성 가운데 도망해와서'라는 표현은 임나 측에서 본 관점이라고 생각한다.

한편 킴메이천황 541년 4월 기록에는 "성명왕(聖明王＝백제 성왕, 재위 523~53)이 '옛적에 우리 선조 속고왕(速古王＝근초고왕), 귀수왕(貴首王＝근구수왕)의 치세 때에 안라, 가라, 탁순의 한기(수장이나 왕) 등이 처음 사신을 보내고 상통하여 친밀하게 친교를 맺었었다. 자제의 나라가 되어 더불어 융성하기를 바랐다"(2년 4월조)고 나와 있고, 같은 해 7월 기록에는 성명왕이 임나의 한기(＝왕)들에게 "옛적에 우리 선조 속고왕, 귀수왕이 당시 한기 등과 처음으로 화친을 맺고서 형제가 되었다. 이에 나는 그대를 자제로 알고, 그대는 나를 부형으로 알았다"(2년 7월조)라고 말했고, 544년 11월 기록에도 성명왕이 "임나는 우리 백제와 예로부터 이제까지 아들같이 아우같이 되겠다고 약속하였다"(5년 11월조)라고 말한 것으로 씌어 있어 가야7국을 평정했다는 근초고왕·근구수왕 때부터 백제가 임나제국(諸國)과 상하관계를 맺었음을 알 수 있다.

따라서 369년 가야7국 평정 내용은 기본적으로 백제가 근초고왕 때부터 가야지역을 그 영향하에 넣게 된 역사적 사실을 반영하고 있다고 생각한다. 앞서 지적한 대로 『일본서기』의 편자가 가야7국 등을 평정한 백제장군 목라근자를, 야마또정권의 성과 씨만 있고 이름도 없는 가공된 인물 아라따와께·카가와께의 증원군으로 갖다붙임으로써 백제에 의

한 가야7국 평정 등이 마치 야마또정권에 의한 것처럼 되어 버린 셈이다.

『일본서기』가 가야7국 평정이나 '남만' 침미다례 정복 등 백제가 한 일을 야마또정권이 한 일로 바꾼 것이 사실이라면, "513년 백제의 요청으로 상차리(上哆唎, 영산강 동안), 하차리(下哆唎, 영산강 동안), 사타(娑陀, 구례), 모루(牟婁, 전남 서부의 영광 등) 등 소위 4현을 야마또정권이 백제에 하사하였다"(케이따이천황 6년조)는 내용 등도 사실은 백제가 점령한 것을 일본이 하사한 것으로 바꾸었을 가능성이 높다. 야마또정권이 한 것처럼 되어 있는 한반도 남부경영이 사실 전부 백제에 의한 것이었다는 사실은 뒤에서 자세히 밝히겠다.

『일본서기』 405년의 기록을 보면 일본천황이 "직지왕(直支王)을 불러 말하기를 '너는 나라에 돌아가 왕위를 이어라'(오오진천황 16년조)라고 하였다. 이에 또한 동한(東韓)의 땅을 하사하여 보냈다. 동한이란 감라성(甘羅城)·고라성(高羅城)·이림성(爾林城)이 이것이다"라는 내용이 있다. 즉, 일본에 체류중이던 백제 왕자 직지(直支)의 귀국에 즈음해서 일본천황이 '동한(東韓)'을 하사했다는 것이다. 그런데 '동한'을 가리키는 감라성·고라성·이림성 등은 일본에서 볼 때는 서쪽에 있으므로 일본이 이 지역을 준 것이 사실이라면 '서한(西韓)'이어야지 '동한(東韓)'이 될 수 없다. 그렇다면 '동한'이라는 표현은 백제가 한반도의 동쪽을 취한 것을 일본이 하사한 것으로 고치는 과정에서 '남만 침미다례'처럼 백제의 표현이 그대로 남으면서 비롯된 것이 아닌가 생각한다.

야마또정권이 가야7국을 평정했다는 내용이 성립되기 어렵다고 생각하는 일본 학자들 중에는 징구우황후조에 보이는 369년 가야7국 평정 내용은, 백제가 6세기경 가야지역에 진출하는 사실을 반영한 것이지만 369년 야마또정권이 가야7국을 평정한 것은 역사적 사실이라고 주장한다. 납득이 잘 되지 않는 이야기지만 일본에서는 통설이다.

가야가 독자적으로 발전했다고 생각하는 한국의 일부 학자들 중에도 가야7국 평정 내용을 일본 학자들의 설을 그대로 받아들여 6세기 백제가 가야에 진출하는 사실을 반영한 것이라고 주장하는 사람들도 있다. 요는 백제가 369년에 한 일도 아니라는 것이다. 그러나 앞에서 제시한 백제 성왕의 누차에 걸친 회고담에도 가야7국 평정이 모두 근초고왕·근구수왕 때 이루어진 것으로 되어 있다. 근초고왕 때 백제에 의해 가야7국 평정이 이루어진 것은 틀림없는 역사적 사실이다. 근초고왕이 364년 탁순과 관계를 맺고 366년에는 탁순을 발판으로 신라·왜와 관계를 맺은 다음, 372년에는 중국의 동진과도 관계를 맺었다는 면에서도 탁순을 발판으로 369년 가야7국 평정에 나섰을 가능성이 높다.

3. 목라근자의 가야 구원

『일본서기』에 기록된 한반도 남부경영의 주요 내용은 모두 369년 목라근자의 소위 '가야7국 평정' 내용을 전제로 해서만 그 사실이 성립될 수 있다.

369년 목라근자의 가야7국 평정을 전제로 7국 중의 하나인 가야(고령가야＝임나가야)가 외부의 침략을 받자 382년 목라근자가 그 구원에 나섬으로써(진구우황후 62년조) 이후 가야가 야마또정권의 임나경영 근거지가 된다. 487년에는 가야에 주둔하고 있던 키노 오히하노스꾸네(紀生磐宿禰)가 반란을 일으키는 내용이 있어(켄조오천황 3년 시세조), 야마또정권이 군대까지 상주시키고 있었음을 보여준다. 그리고 6세기 전반에는 마침내 왜가 임나를 경영하기 위해 오우미노 케나노오미(近江毛野臣)를 한반도 남부에 파견하는 것으로 기록되어 있다(케이따이천황조). 마지막으로 562년 야마또정권의 지배하에 있던 임나가 신라에 멸망하자 키노 오노마로(紀男麻呂)가 임나를 구원하기 위해 출병하는 내용이 나온다(킴메이천황 23년조).

『일본서기』에 기록된 한반도 남부경영의 주체 및 주요 인물과 사건			
연도	주체 및 인물	사건	출전
369년	백제 목라근자	가야7국 평정	징구우황후 49년조
382년	백제 목라근자	가야7국 구원	징구우황후 62년조
487년	키노 오히하노스꾸네 (목군 유비기)	가야 주둔군 반란	켄조오천황 3년 시세조
6세기 전반	오우미노 케나노오미 (목군 윤귀)	한반도 남부로 파견	케이따이천황조
562년	야마또 키노 오노마로	임나 구원을 위해 출병	킴메이천황 23년조

위의 표에서 보듯이 562년 키노 오노마로가 신라에 멸망한 임나를 구원하기 위해 출병하는 내용은 6세기 전반 오우미노 케나노오미로 대표되는 야마또정권의 임나경영을 전제로 하고, 오우미노 케나노오미의 임나경영은 487년 키노 오히하노스꾸네의 반란에서 알 수 있듯 야마또정권이 파견한 군대가 임나(가야＝고령가야)에 주둔하고 있었음을 전제로 한다. 이에 더해 487년 반란자 키노 오히하노스꾸네가 이끄는 군대의 임나 주둔은 382년 목라근자가 가야를 구원해주었다는 사실을 전제로 한다. 382년 목라근자의 가야 구원은 369년 목라근자의 가야7국 평정이 야마또정권에 의한 것이라는 사실을 전제로 한다. 그런데 앞서 살펴보았듯이 369년 목라근자의 가야7국 평정은 야마또정권에 의한 것이

아니라 백제에 의한 것임이 밝혀졌다.

그렇다면 369년 목라근자의 가야7국 평정을 전제로 하는 382년 목라근자의 가야 구원 등 일련의 임나경영의 근간이 되는 중요 사건들도 야마또정권에 의한 것이 아니라 백제에 의한 것일 가능성이 높다

『일본서기』에는 382년 가야(고령가야)가 외부의 침략을 받자 목라근자가 가야를 구원하는 내용이 보인다.

먼저 이와 관련된 내용을 소개하면 다음과 같다.

신라가 조공해오지 않았다. 이 해에 사쯔히꼬(襲津彦)를 보내 신라를 치게 하였다. 〔백제기(百濟記)에서 말하기를, 임오년(382)에 신라가 귀국에 조공을 바치지 않았다. 귀국은 사쯔히꼬(沙至比跪＝襲津彦)를 보내 치게 하였다. 신라가 미녀 두명을 단장하여 나루터에서 마중하여 유혹하게 했다. 사쯔히꼬가 그 미녀를 받고서는 도리어 가야국을 쳤다. 가라국왕 기본한기(己本旱岐) 및 아들 백구지(百久至)·아수지(阿首至)·국사리(國沙利)·이라마주(伊羅麻酒)·이문지(爾汶至) 등이 그 인민을 거느리고 백제로 도망하였다. 백제는 후하게 대우하였다. 가라국왕의 누이 기전

지(旣殿至)가 대왜(大倭)를 향해 가서 "천황은 사쯔히꼬(沙至比跪)를 보내 신라를 치게 했습니다. 그런데 신라의 미녀를 받고는 치는 것을 중지하고 오히려 우리나라를 멸망시켰습니다. 형제, 인민이 모두 떠돌아다니게 되었습니다. 근심을 이기지 못하여 와서 아룁니다"라고 말하였다. 천황이 크게 노하여, 목라근자를 보내 군사를 거느리고 가서 가라를 부활시키게 했다)(징구우황후 62년조).

일본 학계에서 382년 천황의 명령으로 목라근자가 '가야국'을 구원하는 내용은, 369년 평정한 비자벌·남가야·녹국·안라·다라·탁순·'가야' 등 가야7국 중의 하나인 '가야(고령가야)'를 다시 구원함으로써 야마또정권의 임나에 대한 영향력이 강화되는 사건으로서 중시되어왔다. 382년 내용에 인용된 「백제기」[15]에는 목라근자를 보내 고령가야를 구원한 주체가 야마또정권이라고 기록되어 있다.

---

15 『일본서기』는 곳곳에서 「백제기(百濟記)」「백제본기(百濟本記)」「백제신찬(百濟新撰)」이라는, 소위 '백제삼서'라고 불리는 백제의 사서를 인용한다. 그 이유는 알 수 없으나 백제의 역사서가 한국에는 전해지지 않고 『일본서기』에만 그 흔적이 보인다. '백제삼서'는 인용서이기 때문에 그 내용에 신뢰성이 높다고 볼 수 있다. 그러나 그 내용에 상호모순되는 내용이 많아 '백제삼서'도 『일본서기』를 편찬하는 과정에서 손을 본 것이 아닐까 추측한다.

그러나 실제로 가야를 구원한 것은 백제장군 목라근자였으므로 가야를 구원한 것이 진정 야마또정권이었는가 하는 의문이 생긴다

「백제기」의 "천황이 크게 노하여, 목라근자를 보내"라는 내용에서 목라근자를 보낸 것이 천황이라는 표현만 없다면 가야의 구원 요청에 따라 가야를 구원한 주체는 누가 보아도 야마또정권이 아니라 백제라고 할 수 있다. 우선 『일본서기』에는 외부의 침략을 받은 가야국의 왕과 그 아들들이 피난한 곳이 백제라고 씌어 있다. 그렇다면 그들이 구원을 청한 나라는 당연히 백제였을 것이다. 실제로 가야를 구원한 것도 백제장군 목라근자였다. 따라서 목라근자를 보내 가야국을 구원하게 한 것은 일본천황이 아니라 당연히 백제왕이었을 것이다. 더구나 지리적으로도 백제는 가야(고령가야＝대가야)와 인접해 있어 바로 구원에 나설 수 있는 위치에 있지만 야마또정권은 바다를 건너고 또다시 한반도 남해안의 다른 나라들을 건너뛰어야만 가야(고령가야) 구원에 나설 수 있다. 따라서 야마또정권이 가야 구원에 나선다는 것은 지리적으로나 시간적으로도 불가능했다고 생각한다.

한편 목라근자를 파견한 것이 일본천황이었다는 것은 369년 목라근자에 의한 가야7국 평정의 주체가 일본천황이었다는 사실을 전제로 한다. 야마또정권이 369년 목라근자를 시켜 '가야(고령가야)' 등 7가야를 평정했는데 그 '가야'가 외부의 침입을 받았으므로 목라근자를 시켜 다시 구원하게 하였다는 논리다. 그러나 앞서 살펴보았듯이 가야7국 평정은 야마또정권이 아니라 백제에 의한 것이었다.

위의 내용을 종합하면 382년 목라근자의 가야 구원은 369년 가야7국을 평정하여 가야(고령가야)를 그 영향하에 넣고 있던 백제에 의한 것이라고 보는 것이 타당하다. 즉 382년 가야를 구원함으로써 가야에 대한 영향력을 확보한 나라는 야마또정권이 아니라 백제였다. 그런데『일본서기』는 목라근자가 마치 왜인인 것처럼 "천황이 크게 노하여, 목라근자를 보내서"라고 표현하여, 마치 일본천황이 가야를 구원한 주체인 것처럼 썼다. 이는 369년 가야7국을 평정한 주체를 '백제장군' 목라근자로 하면서도 가야7국 평정을 일본천황의 명령에 따른 것으로 했다는, 앞의 논증과 같은 맥락으로 볼 수 있다.

4. 임나 주둔 목군 유비기(木君有非岐)의 반란

『일본서기』에는 야마또정권이 파견한 임나 주둔 키노 오히하노스꾸네가 487년 현지에서 반란을 일으킨 것으로 나온다(켄조오천황 3년조). 그런데 키노 오히하노스꾸네가 야마또 정권에서 파견된 인물이라는 것은 369년 가야7국을 평정하고 382년 가야를 구원한 것이 야마또정권이라는 사실을 전제로 한다. 그러나 지금까지의 검토에서 목라근자에 의한 369년 가야7국 평정, 382년의 가야 구원이 야마또정권에 의한 것이 아니라 백제에 의한 것이라는 사실이 밝혀졌으니 위의 내용도 신뢰하기가 어렵다.

그렇다면 키노 오히하노스꾸네로 대표되는 임나주둔군의 반란은 야마또정권이 파견한 주둔군이 아니라 백제가 파견한 주둔군에 의해서 일어난 반란일 가능성이 높다

먼저 관련 내용을 소개하면 다음과 같다.

이 해, 키노 오히하노스꾸네가 임나를 점거하고 고구려와 교통하였으며, 서쪽에서 장차 삼한(三韓)의 왕 노릇을 하려고 관부를 정비하고 스스로 신성(神聖)이라고 칭하였다. 임나의 좌로(左魯)·나기타갑배(那奇他甲背) 등의 계책을 받아들여서 백제의 적막이해(適莫爾解)를 이림(爾林)에서 죽였다. 〔이림은 고구려 땅이다.〕 대산성(帶山城, 전북 태인)을 쌓아 동쪽 길을 막고 지켰다. 군량을 운반하는 나루를 끊어 군대(백제)가 굶주려 고생하도록 하였다. 백제왕이 크게 화가 나서 영군 고이해(領軍古爾解)·내두 막고해(內頭莫古解) 등을 보내어 무리를 거느리고 대산성에 나아가 공격하게 하였다. 이에 키노 오히하노스꾸네는 군대를 내보내 맞받아쳤는데 담력이 더욱 왕성하여 향하는 곳마다 모두 깨뜨렸다. 한 사람이 백 사람을 감당할 정도였다. 그러나 얼마 뒤 군대의 힘이 다하니 일이 이루어지지 못할 것을 알고 임나로부터 돌아왔다. 이로 말미암아 백제국이 좌로·나기타갑배 등 300여 명을 죽였다(켄조오천황 3년조).

위와 같이 『일본서기』에는 임나에 주둔하던 키노 오히하노스꾸네가 장차 왕이 되기 위해 고구려와 손잡고 반란을 일으킨 것으로 나와 있다. 이 내용은 야마또정권이 임나에 군대까지도 주둔시키고 있었음을 보여주는 사건으로서 주목받아왔다. 임나에 군대를 주둔시키고 있었다는 것은 임나를 지배하고 있었다는 결정적 증거가 되기 때문이다.

그러나 위 내용에서 임나에 주둔하고 있다가 반란을 일으킨 군대가 진정 야마또정권의 군대였는가 하는 데에는 적지 않은 의문이 생긴다

먼저 반란의 책임자인 키노 오히하노스꾸네가 일본의 씨

와 성을 가지고 있다[16]는 사실만 제외한다면 임나에 야마또 정권의 군대는 물론이고 야마또정권과 관련된 사람들이 주둔했다는 흔적이 전혀 보이지 않는다. 오히려 외부 사람들로는 "백제의 적막이해를 이림에서 죽였다"라든가 "군량을 운반하는 나루를 끊어 (백제의) 군대가 굶주려 고생하도록 하였다"는 내용으로 보아 백제의 군대나 사람들이 임나에 주둔하고 있었다는 사실만 확인될 따름이다.

키노 오히하노스꾸네가 왕이 되기 위해 반란을 일으켰다면 그 반란은 당연히 그를 임나에 파견한 본국에 대한 것이어야 할 것이다. 반란을 진압하는 것도 당연히 그를 파견한 본국이어야 한다. 그런데 키노 오히하노스꾸네가 왕이 되기 위해 가장 먼저 취한 조치는 현지에 주둔하고 있던 백제의 적막이해 등을 살해하고 백제로부터 식량을 운반하는 통로를 봉쇄하여 임나에 주둔하고 있던 백제군을 기근에 빠뜨리는 일이었다.

한편 "백제왕이 크게 화가 나서 영군 고이해·내두 막고해 등을 보내어 무리를 거느리고 대산성에 나아가 공격하게 하였다. (…) 백제국이 좌로·나기타갑배 등 300여 명을 죽였다"에서 알 수 있듯이 실제로 키노 오히하노스꾸네의 반란

16 키(紀)는 혈연을 나타내는 씨이고, 스꾸네(宿禰)는 야마또정권에서의 신분을 나타내는 성이다.

을 진압하는 것도 백제로 되어 있다.

결국 키노 오히하노스꾸네가 왕이 되기 위해 취한 조치는 백제에 대항하는 것이고 그 반란을 진압하는 것도 백제다. 반면 야마또정권은 반란에 대해 어떤 조치를 취한 흔적도 보이지 않는다.

따라서 키노 오히하노스꾸네가 일으켰다고 기록된 반란은 임나 주둔 백제군이 일으킨 것이 아닌가 생각한다

키노 오히하노스꾸네의 반란 내용이 야마또정권과는 무관한 백제 내부의 사실임은 "대산성을 쌓아 **동쪽 길**을 막고 지켰다. 군량을 운반하는 나루를 끊어 (백제의) 군대가 굶주려 고생하도록 하였다"는 내용에서도 엿볼 수 있다. 이 내용이 사실이라면 반란군이 임나에 주둔하고 있는 백제군에게 제공되는 식량을 차단하기 위해 '대산성'을 쌓았으므로 대산성 위치는 백제와 임나의 사이가 되어야 할 것이다. 따라서 대산성은 백제 입장에서 볼 때에는 '동쪽 길'이 되지만 일본이나 임나에 주둔하고 있던 야마또정권의 군대를 기준으로 본다면 '서쪽 길'이 되어야 할 것이다. 그런데 '동쪽 길'로 표현했다는 것은 키노 오히하노스꾸네의 난이 백제의 임나주둔군에 의해 일어난 반란임을 시사한다.

야마또정권이 파견한 임나주둔군이 반란을 일으켰다는

유일한 증거는 반란의 주모자인 키노 오히하노스꾸네가 일본의 씨(紀, 키)와 성(宿禰, 스꾸네)을 가지고 있다는 것뿐이다. 그런데 『일본서기』 544년의 기록을 보면 백제의 성왕이 "카후찌노아따이(河內直)에게 말하기를 '옛적부터 지금에 이르기까지 다만 그대의 나쁜 것만 들어왔다. 그대의 선조들도〔「백제기」에는 그대의 선조 나간타갑배(那干陀甲背), 가렵직기갑배(加獵直岐甲背)라고 한다. 또 나기타갑배(那奇陀甲背), 웅기기미(鷹奇岐彌)라 한다. 말이 변한 것이 심하여 미상이다〕 다같이 흉계를 품고 거짓을 말하였다. 위가가군(爲哥可君, 「백제본기」에서는 위가기미爲哥岐彌, 이름은 유비기有非岐라 하였다)이 그 말을 믿고 국난을 걱정하지 않았다. 내 뜻에 배반하여 자기 마음대로 포악한 일을 하였다. 이 때문에 쫓겨났다. 주로 그대 때문이다'"(킴메이천황 5년 2월조)라고 말한 것으로 씌어 있다.

백제 성왕의 말이 사실이라면 카후찌노아따이(河內直)의 선조인 나기타갑배(那奇陀甲背＝那干陀甲背, 키노 오히하노스꾸네의 반란을 부추긴 인물) 등의 거짓말을 믿고 반란을 일으킨 인물은 켄조오천황조에 씌어 있는 것처럼 일본의 씨와 성을 가진 키노 오히하노스꾸네가 아니라 이름이 유비기(有非岐)로 임나에서는 '우리 주군'이라고 불리던 백제의 위가기미(爲哥岐彌＝爲哥可君＝ワガキミ＝我君＝우리 주군)이다.

백제와 대산성(= 태인)과 임나

　'위가기미 유비기(爲哥岐彌 有非岐)'의 '기미(岐彌)'와 '군
(君)'은 일본어로는 다같이 'キミ(키미)'로 발음되고 '주군'
또는 '군주'라는 뜻이다. 그리고 '위가(爲哥)'는 일본 음으로
는 'ワガ(와가＝我)'로 '나(我)'또는 '우리'라는 뜻이다. 따
라서 위가기미(爲哥岐彌)는 'ワガキミ'(와가키미＝我君) 즉,
나의 군주라는 뜻이다. 유비기(有非岐)는 현지에서 '우리 주
군 유비기'라고 불리었던 것이다.

　임나에 주둔하다가 반란을 일으킨 백제의 유비기는 현지
에서 위가기미(爲哥岐彌＝ワガキミ＝我君) 즉, '우리 주군(我

君)'이라고 불리었는데 임나에서 활약한 백제인 중에서 '위가군(爲哥君)'에 보이는 '군(君)'의 칭호가 붙여진 것은 목군 윤귀(木君尹貴), 목군 마나(木君麻那) 등 목(木)씨뿐이다(무레쯔천황武烈天皇 6년 10월조 및 킴메이천황 4년 12월조). 따라서 위가기미 유비기(爲哥君 有非岐)의 정확한 호칭은 목군 유비기(木君有非岐)로 현지에서는 '우리 주군'이라고도 불렸으리라 짐작해볼 수 있다. 목라근자·목만치 부자에 이어 그 일족인 목군 유비기 등 목씨 일족이 누대에 걸쳐 임나를 관장했기 때문에 목군 유비기가 마침내 현지에서 '우리 주군'(我君)이라고 불릴 수 있었고 그렇기 때문에 스스로 신성(神聖)을 칭하면서 독립하여 왕까지 되려고 할 수 있었던 것이 아닌가 생각한다.

5. 목군 윤귀(木君尹貴)의 임나부흥회의 주재

케이따이천황조에는 6세기초에 오우미노 케나노오미(近江毛野臣)가 임나를 경영하는 내용이 상당히 구체적으로 기록되어 있다. 따라서 스에마쯔설이 무너진 뒤 일부에서는 야마또정권이 임나일본부라는 기관을 두고 한반도 남부를 지

배한 기간을 오우미노 케나노오미가 임나를 경영한 것으로
나오는 6세기초로 한정하기도 한다.

먼저 오우미노 케나노오미와 관계된 케이따이천황 529년
의 내용을 소개하면 다음과 같다.

오우미노 케나노오미(近江毛野臣)를 안라에 사신으로
보냈다. 칙을 내려 신라에 권하여 다시 남가라(南加羅)와
녹기탄(喙己呑)을 세우게 하였다. 백제는 장군 군 윤귀(將
軍君尹貴)·마나갑배(麻那甲背)·마로(麻鹵) 등을 보내어 안
라에 가서 조칙을 듣게 하였다. 신라는 (…) 부지나마례
(夫智奈麻禮)·해나마례(奚奈麻禮) 등을 보내어 안라에 가
서 조칙을 듣게 하였다. 안라가 높은 당(堂)을 지어 칙사를
인도하여 오르게 하였다. (…) 백제의 사자 장군 군(將軍
君) 등이 당 아래에 있었다. 수개월 동안 여러번 당 위에서
논의하였다. 장군 군(將軍君) 등이 그 뜰에 있는 것을 분하
게 여겼다(23년 3월조).

위 내용에서는 야마또정권의 오우미노 케나노오미가 백
제와 신라의 사신을 안라가야에 불러서 소위 남가야(금관가
야) 등 임나 재건을 논의했다고 나온다. 그런데 야마또정권

이 임나부흥회의를 주재했다는 것은 야마또정권의 임나 지배, 적어도 487년 목군 유비기(＝키노 오히하노스꾸네)의 반란이 상징하듯 야마또정권의 파견군이 임나에 주둔하고 있었다는 사실을 전제로 해서만 성립될 수 있다. 그러나 목군 유비기로 상징되던 세력은 야마또정권이 파견한 것이 아니라 백제가 파견한 세력임을 앞서 밝힌 바 있다.

따라서 안라가야에서 임나부흥회의가 있었다면 그것은 당연히 야마또정권이 아니라 임나경영을 위해 군대까지 주둔시키고 있던 백제 주도로 열렸어야 하지 않았을까

『일본서기』 541년 기록을 보면 백제의 성왕이 임나의 한기(수장이나 왕) 등을 부르자 안라의 차한기 이탄해(次旱岐夷吞奚), 대불손(大不孫), 구취유리(久取柔利) 등과 가야의 상수위 고전해(上首位古殿奚), 졸마한기(卒麻旱岐), 산반해한기(散半奚旱岐)의 아들, 다라의 하한기이타(下旱岐夷他), 사이기한기(斯二岐旱岐)의 아들, 자타한기(子他旱岐)와 임나일본부의 키비노오미(吉備臣)가 백제에 가서 같이 일본천황의 칙서를 들은 것으로 씌어 있다. 또한 이때 백제의 성명왕(＝성왕)이 임나의 한기들에게 "옛적에 우리 선조 속고왕(速古王＝근초고왕), 귀수왕(貴首王＝근구수왕) 치세 때에 '안라, 가야, 탁순의 한기 등이 처음 사신을 보내고 상통하여 친밀하게 친교를 맺었었다. 자제의 나라가 되어 더불어 융성하기를 바랐다. 그런데 지금 신라에 속임을 받고 천황의 노여움을 사서 임나의 원한을 사게 된 것은 과인의 잘못이다. 나는 깊이 뉘우쳐 하부중좌평 마로(下部中佐平麻鹵)·성방갑배 마나(城方甲背眛奴, 여기서 眛奴[매노]는 일본어로는 '마나'로 발음된다) 등을 보내어 가야에 가서 임나일본부에 모여 맹세하게 하였다. 이후 다른 일에 얽매였으나, 임나를 재건하는 것을 조석으로 잊지 않았다. 지금 천황이 명령하여 속히 임나를 재건하라'고 말씀하셨다. 이에 따라 그대들과 같이 계책을 세워 임나 등의 나라를 수립하려고 한다. 잘 생각하라"(킴메이천황 2년 4월조)라고 말한 내용도 보인다.

위의 두 기록의 요지는, 근초고왕·근구수왕 때에 백제가 안라, 가야, 탁순 등과 친교를 맺어 자제의 나라로 삼았으나 그뒤 임나가 신라에 멸망했으므로 하부중좌평 마로, 성방갑배 마나 등을 임나일본부에 보내 임나 재건을 논의하게 했다는 것이다.

그런데 백제 성왕이 임나 재건을 논하기 위해 임나에 파견했다는 하부중좌평 마로, 성방갑배 마나의 이름은 529년 오우미노 케나노오미가 주관한 남가야, 녹기탄 재건회의에 참석한 백제장군 군 윤귀(將軍君尹貴)·마나갑배(麻那甲背)·마로(麻鹵) 3인 중 마나갑배·마로와 일치한다. 그리고 529년 임나부흥회의와 541년 성왕의 회고담은 회의 참가자의 이름뿐만 아니라 임나 재건이라는 회의 목적과 임나라는 회의 장소에서도 일치한다. 따라서 541년 성왕이 회고한 내용은 529년 오우미노 케나노오미가 주관했다는 임나부흥회의를 지칭하는 것이 틀림없다. 결국 성왕의 말이 맞다면 임나부흥회의는 야마또정권 주도가 아니라 백제 주도로 진행되었다고 볼 수 있다.

당시 가야제국(諸國)에 영향력을 가지고 있던 나라는 백제였다. 그렇다면 신라에 격파된 남가야, 녹기탄 등의 재건은 당연히 백제 주도로 백제와 가야 사이에서 논의될 일이지 임나와 직접적인 관계도 없는 야마또정권 주도로 논의될 일은 아니다. 더욱이 임나부흥회의에 남가야 등을 격파한 신라까지도 불렀다는 것은 있을 수 없는 일이다. 그렇다면 야마또정권 주도로 신라까지 불러서 임나부흥회의를 개최했다는 『일본서기』의 기록은 야마또정권이 임나를 직접 지배하고 백제와 신라까지도 간접 지배했다는 한반도 남부경영론을 전제로 하여 후에 개변된 것이라고 생각한다.

야마또정권이 중재자로 전쟁의 당사자를 불렀다고 할 수도 있을 것이다

그러나 야마또정권이 백제·신라 등을 임나에 불러서 중

529년 임나부흥회의와 541년 성왕의 회고		
	케이따이천황 23년(529) 임나부흥회의	킴메이천황 2년(541) 백제 성왕의 회고
주체	오우미노 케나노오미	백제
참가국	왜·안라·백제·신라	백제·가야제국
참가자	왜 측: 오우미노 케나노오미 안라 측: 안라국주·국내대인 백제 측: 장군 군 윤귀·마나 갑배·마로 등 신라 측: 부지나마례·해나마례 등	백제왕이 파견한 사신 하부중좌평 마로·성방갑배 마나 등
경과	신라에 대한 언급이 보이지 않음. 백제는 회의에서 제외되어 불만	백제 주도로 진행
시기	성왕 재위중	성왕 재위중
회의목적	가야제국 재건	가야제국 재건

529년 임나부흥회의와 541년 성왕의 회고 비교표

재하기 위해서는 임나나 백제·신라에 영향력을 갖고 있어야 한다. 그런데 당시 야마또정권이 임나뿐만 아니라 백제와 신라에까지도 영향력을 미치고 있었다고 볼 수는 없다. 이런 면에서도 성왕의 말대로 529년 임나부흥회의를 주도한 것은 야마또정권이 아니라 백제여야 한다. 이러한 사실은 백제 성왕이 가야의 여러 한기들을 불러서 임나부흥문제를 논의하고 있는 541년의 기록에서도 확인된다.

  안라가야의 임나부흥회의를 주도한 것이 야마또정권이 아니라 백제라면 그 주도자도 당연히 야마또정권의 오우미노 케나노오미가 아니라 백제에서 파견된 장군 군 윤귀·마나갑배·마로 세 사람 중 한 사람이어야 할 것이다

  그런데 장군 군 윤귀는 백제에서 파견된 3인 중에서 그 이름이 필두에 제시되어 있을 뿐만 아니라 백제 최고 관등인 하좌평(킴메이천황 4년 12월조)으로 '장군' 또는 '군(君)'이라는 호칭으로 불리고 있었다. 따라서 장군 군 윤귀야말로 안라회의를 주도한 인물이었을 것이다. 그는 하좌평 목윤귀(木尹貴)라고도 되어 있어서(킴메이천황 4년 12월조) 정식명칭은 하좌평 목군 윤귀, 또는 하좌평 장군 목군 윤귀였던 것으로 생각한다. 그렇다면 720년 『일본서기』를 편찬하는 과정에서 백제의 임나경영을 야마또정권의 임나경영으로 개변하면서 백제 하좌평 목군 윤귀가 주관한 임나부흥회의를 야마또정권의 오우미노 케나노오미가 주관한 것으로 기록한 것이 아닌가 생각한다.

  백제에서 파견한 3인 중 마나갑배(麻那甲背)는 다른 곳에서는 중좌평 목례마나(木劦麻那)라고도 되어 있다(킴메이천황 4년 12월조). 더불어 마로(麻鹵)는 윤귀(尹貴, 케이따이천황 23년

조)나 마나(昧奴＝麻那, 킴메이천황 4년 12월조)와 함께 성이 생
략된 채로 나오는 경우가 있다. 그런데 성이 생략된 채 함께
등장하는 윤귀나 마나가 전부 목(木)씨였던 점으로 보아 마
로도 목씨였을 가능성이 높다. 그렇다면 백제가 안라회의에
파견한 윤귀·마나·마로 등 3인은 전부 목씨 일족이었다고
할 수 있을 것이다. 따라서 369년 목라근자가 가야7국을 평
정한 이래 그 아들 목만치에 이어 목군 유비기, 목군 윤귀 등
목씨 일족이 대를 이어가며 임나를 경영하고 있었다고 추측
된다.

『일본서기』를 보면 오우미노 케나노오미는 529년 임나부
흥회의를 주관한 뒤 한반도에 머물면서 임나를 경영한 것으
로 되어 있다(케이따이천황 23년 4월, 동년 10월, 24년 9월, 동년 시세
조 등). 그러나 오우미노 케나노오미가 하좌평 목군 윤귀를
대신해서 만들어진 인물이라면 그가 임나를 경영하는 내용
도 하좌평 목군 윤귀가 한 일일 가능성이 높다.

6. 키노 오노마로(紀男麻呂)의 임나 구원

『삼국사기』에는 562년 대가야, 즉 임나(고령가야, 임나가 고

령가야임은 뒤에서 자세하게 설명함)가 신라에 멸망한 것으로 씌어 있다. 그런데 『일본서기』에는 신라에 멸망한 임나를 구원하기 위해 562년 키노 오노마로(紀男麻呂)가 출병하는 내용이 서술되어 있다.

그러나 오우미노 케나노오미로 대표되는 야마또정권의 임나경영이 야마또정권에 의한 것이 아니라 백제에 의한 것이라면 562년 임나를 구원하기 위한 키노 오노마로의 출병도 야마또정권에 의한 것이 아니라 백제에 의한 것일 가능성이 높다

임나 멸망에 즈음하여 야마또정권이 키노 오노마로를 출병시켰다는 것은 오우미노 케나노오미의 임나경영이 야마또정권에 의한 것이라는 사실을 전제로 한다. 그런데 오우미노 케나노오미로 대표되는 야마또정권의 임나경영이 사실은 백제의 의한 것임이 밝혀졌기 때문이다.

우선 562년 키노 오노마로 출병에 관한 내용을 소개하면 다음과 같다.

23년 7월. 이 달, 대장군 키노 오노마로스꾸네(紀男麻呂宿禰)를 보내어 군사를 거느리고 차리(哆唎, 영산강 동안)에서 출동하고, 부장군 카하헤노오미 니헤(河邊臣瓊缶)는 거증산(居曾山, 남원의 동북쪽)에서 출동하도록 하여 신라가 임나를 공격한 상황에 대해 문책하고자 하였다. 드디어 임나에 도착하여 코모쓰메베노오비또 토미(薦集部首登弭)를 백제에 보내 군사계책을 약속하게 하였다. 토미(登弭)는 처가에 묵었는데, 봉인한 서신과 활과 화살을 길에 떨어뜨렸다. 신라가 군사계책을 모두 알고 갑자기 대병을 일으켰으나 얼마 후에 패하여 항복하기를 빌었다. 키노 오노마로가 승리를 거두고 나서 군사를 돌려 백제의 군영으로 돌아갔다. 군중에 명을 내려 말하길, "무릇 이겨도 패하는 것을 잊지 말고 편안할 때도 반드시 위험을 생각해야 하는 것은 옛날의 훌륭한 가르침이다. 지금 처해 있는 땅은 들개와 이리 같은 사나운 무리들이 이웃해 있으니, 가볍고 소홀히 하여 변란이 일어날 것을 생각지 않으랴. 하물며 또 평안한 시대에도 칼을 몸에서 떼어놓지 않는 법이니, 무릇 군사가 무기를 갖추는 것은 그만둘 수 없는 것이다. 마땅히 깊이 경계하고 이 명령을 받드는 데 힘써라"라고 하였다. 병졸은 모두 마음으로부터 복종하고 섬겼다.

카하헤노오미 니헤는 홀로 나아가 이곳저곳에서 싸워가는 곳마다 모두 함락시켰다. (…) 신라 장군이 군영에 나아가 카하헤노오미 니헤 등과 그를 따라왔던 부인을 모두 사로잡았다. 이때는 아버지와 아들, 부부 사이에도 서로 도울 수가 없었다. (…) 함께 사로잡혔던 츠끼노끼시 이끼나(調吉士伊企儺)는 사람됨이 용맹하여 끝까지 항복하지 않았다. (…) 그의 아내 오오바꼬(大葉子) 또한 사로잡혔는데……(킴메이천황 23년 7월조).

일본의 한반도 남부경영론자들은 오랫동안 키노 오노마로의 출병 내용을 임나 지배의 중요한 근간으로 생각해왔다. 야마또정권이 임나를 구원하기 위해 출병했다는 것은 그 전에 야마또정권이 임나를 지배했음을 반증하기 때문이다.

그러나 임나구원군은 야마또정권이 파견한 것이라기보다 오히려 백제가 파견한 것이 아닌가 하는 의구심이 든다

먼저 임나를 구원하기 위해 출동한 "토미는 처가에 묵었는데"에서 볼 수 있듯 토미의 처가는 한반도에 있었다. 이는 그가 왜인이 아니라 한반도인이었음을 보여준다. 카하혜노오미 니혜와 츠끼노끼시 이끼나의 경우도 "카하혜노오미 니혜 등과 그를 따라왔던 부인을 모두 사로잡았다"와 "함께 사로잡혔던 츠끼노끼시 이끼나는 사람됨이 용맹하여 끝까지 항복하지 않았다. (…) 그의 아내 오오바꼬 또한 사로잡혔는데"에서 부인들이 모두 현지에 있는 것으로 보아, 그들도 한반도인들이었을 가능성이 높다.

한편 키노 오노마로가 이끄는 군대가 일본열도에서 파견되었다면 대장군 키노 오노마로와 부장군 카하혜노오미 니혜가 출병하는 차리(영산강 동안)와 거증산(남원의 동북쪽)은 한반도 남해안이나 임나의 남부지역이어야 할 것이다. 그들은 한반도 남해안에 도착하여 임나를 향해 북진해야 하기 때문이다. 그런데 대장군 키노 오노마로는 충청북도 남부에서 추풍령을 넘어 차리(영산강 동안)로 진격한 것으로 보이고, 부장군 카하혜노오미 니혜는 전라북도 남부의 장수 또는 운봉에서 임나지역으로 진입한 것으로 보이므로[17] 임나의 동쪽 즉 백제쪽에서 진출한 셈이 된다. 이런 면에서도 키노 오노마로가 이끄는 임나구원군은 일본열도에서 파견된 것이 아니라 백제에서 파견되었을 가능성이 높다. 무엇보다도 키노 오노마로가 이끄는 임나구원군이 백제군이었음을 보여주는 내용은 "키노 오노마로가 승리를 거두고 나서 군사를 돌려 백제의 군영으로 돌아갔다. 군중에 명을 내려 말하길"이라는 부분이다. 이 내용은 키노 오노마로의 소속이 왜가 아니라 백제 군영이고 그가 지휘하던 군이 왜병이 아니라 백제군이었음을 잘 보여준다. 그렇다면 백제가 경영하던 임나가 멸망한 중대한 사건인 만큼 한국 측 자료에 백제가

---

17 『日本書紀』日本古典文學大系 下, 岩波書店, 122면 주 6, 8번.

가야구원군의 출발지 남원과 영산강 동안

임나 구원에 나서는 조그마한 흔적이라도 남아 있어야 하지 않을까 하는 생각이 든다.

『삼국사기』 진흥왕 23년(562) 7월 기록에는 "7월에 백제가 변방의 백성을 침략하였으므로 왕이 군사를 내어 막아 1000여 명을 죽이거나 사로잡았다. 9월 가야가 반란을 일으켰으므로 왕이 이사부에 명하여 토벌케 하였는데 사다함이 부장이 되었다"라고 씌어 있어 키노 오노마로가 출병했다는 562년 7월에 백제가 임나 구원에 나섰음을 시사한다. 따라서 키노 오노마로의 출병은 『삼국사기』에 보이는 562년 백제의 출병을 모델로 하여 만들어낸 이야기가 아닌가 생각한다.

목라근자가 369년 가야7국을 평정하고 382년에는 외부의 침략을 받은 임나를 부활시킴으로써 임나경영을 시작한 이래 그의 아들로 대를 이어 임나 일을 전담한 목만치, 임나에 주둔하다가 반란을 일으킨 목군 유비기, 임나에 파견되어 임나부흥회의를 주관한 목군 윤귀 등 백제에서 파견되어 임나의 경영을 담당하던 사람들이 대부분 목씨 일족이라는 사실은 특이하다. 따라서 신라에 멸망한 임나를 구원하기 위해 출동한 백제의 장군도 목씨 일족이었지만 후에 키노 오노마로로 바뀌었을 가능성이 높다. 더구나 키노 오노마로의 씨인 紀(기)는 일본 음으로는 목(木)과 마찬가지로 '키'(き)로 발음되기 때문이다. 실제로 『일본서기』나 『고사기(古事記)』에서는 목(木)과 키(紀)가 혼용되어 쓰인다. 따라서 키노 오노마로도 목군 유비기와 마찬가지로 목씨를 대신해서 만들어졌을 가능성이 높다.

제3장

목씨와 임나경영

1. 목(木)씨의 임나경영

목라근자(木羅斤資)의 369년 가야7국 평정, 382년의 대가야 구원, 487년 임나 주둔 목군 유비기(木君有非岐)의 반란, 6세기 전반 목군 윤귀(木君尹貴)의 임나경영(케이따이천황 507~31), 그리고 562년 키노 오노마로(紀男麻呂)의 임나 멸망에 즈음한 출병 등 야마또정권의 한반도 남부경영의 근간으로 소개된 내용들이 하나같이 야마또정권에 의한 것이 아니라 백제에 의한 것임이 밝혀졌다. 야마또정권의 한반도 남부경영의 근간이 되는 내용 가운데 한둘이 아니라 모두가 백제의 임나경영을 보여주고 있다는 사실은 결코 우연일 수 없다.

목씨가 관여한 주요 사건과 주인공	
369년 가야7국 평정	목라근자
382년 가야 구원	목라근자
5세기 임나 전담	목만치
487년 임나에서 반란	목군 유비기
529년 안라부흥회의 주관	목군 윤귀
562년 임나 구원	키(紀=木)노 오노마로

목씨가 관여한 주요 사건

그렇다면 어떻게 해서 백제의 임나경영이 720년 『일본서기』를 편찬하는 과정에서 야마또정권의 임나경영으로 바뀌었을까

『일본서기』에 의하면 목라근자가 이끄는 군대는 369년 탁순에서 집결하여 비자벌(창령), 남가야(김해), 녹국(경산), 안라(함안), 가야(고령) 등 가야7국을 평정하고 남해안을 서진하여 전남 강진(＝古奚津, 고해진)에 도착하여 한성에서 내려온 근초고왕 부자와 합류한다. 이때 목라근자가 이끄는 군대와 근초고왕이 이끄는 군대 사이에 놓이게 된 비리(전주), 벽중(김제), 포미지(미상), 반고(전남 번남) 등이 항복함으로써 옛 마한지역은 모두 정벌된다. 그리고 백제는 임나제국과 부자관계를 맺음으로써 본격적으로 임나경영을 시작하게 된다. 그런데 382년에는 외부의 침입을 받은 가야(고령가야)의 왕과 그의 일족이 백제로 피난하여 구원을 청하자 이번에도 목라근자가 가야(고령가야)를 부활시켜준 것으로 씌어 있다. 이런 인연으로 목라근자는 임나에 대해 영향력을 갖게 되고 그가 근거지로 삼은 임나(고령가야)는 백제의 임나경영의 근거지가 된다.

한편 『일본서기』에는 "「백제기」에 이르기를, 목만치(木滿致)는 바로 목라근자가 신라를 칠 때에 그 나라 여자에게서 낳은 아이다. 아버지의 공으로 임나에서 마음대로 하다가 우리나라로 들어왔다"(오오진천황 25년조)라고 씌어 있어 목라근자의 뒤를 이어 아들인 목만치도 임나경영을 책임졌던 것으로 보인다. 목라근자 부자가 2대에 걸쳐 임나를 경영했던 것이다. 그러나 이들 부자가 어떤 방식으로 임나를 경영했는지는 알려진 바가 없다.

그런데 『일본서기』 509년 기록에 "백제에 사신을 보내어 임나일본현읍(任那日本縣邑)에 있는 백제 백성으로서 도망하여 호적이 끊어진 지 3, 4대 된 자들을 찾아내서 백제로 옮겨서 호적에 올리게 하였다"(케이따이천황 3년조)라는 내용이 있는데, 일본 학계는 이 내용 가운데 '임나일본현읍'이라는 표현을 근거로 야마또정권이 임나에 직할령을 두고 있었던 것이 아닌가 주장한다. 그러나 '임나일본현읍'의 '일본(日本)'이라는 표현은 7세기에 이르러서야 생겨난 말로 『일본서기』에서 '임나일본현읍'이 있었다고 말하는 509년에는 아직 생겨나지도 않은 말이다. 따라서 당시 그 지역을 가리키는 정확한 표현은 알 길이 없지만 다만 '임나○○현읍'이었을 것으로 추측할 수 있다. 아마 7세기 후반 일본이라는 표현이 생겨난 뒤 720년 『일본서기』를 편찬하는 과정에서 '○○' 대신 '일본'이라는 표현을 집어넣음으로써 '임나일본현읍'이라는 말이 생겨난 것으로 보인다. 또한 '임나○○현읍'에는 백제 백성들이 살고 있었다고 씌어 있다. 그들은 백제로의 송환 문제가 대두되기 시작한 509년에서 3, 4대를 소급한 4세기 후반부터 그곳에 들어가 살기 시작했다고 나온다. 그런데 4세기 후반이라면 목라근자가 가야7국을 평정(369년)하고 대가야(임나)를 구원해준(382년) 직후 즉, 목라근자와 목만치 부자가 임나를 경영하던 시기라고 할 수 있다. 백제는 가야7국을 평정한 뒤부터 '임나○○현읍'라는 지역에 자국민들을 이주시켜 살게 했던 것이다. 고대에는 다른 나라를 점령하는 경우 자국 백성들을 이주시켜 자기 나라 직할령으로 하는 경우가 흔했다. 따라서 야마또정권이 임나에 직할령을 두고 있었던 증거라고 주장하는, "임나일본현읍(任那日本縣邑)에 있는 백제 백성으로서 도망하여 호적이 끊어진 지 3, 4대 된 자들을 찾아내서 백제로 옮겨서 호적에 올리게 하였다"라는 내용도 사실은 야마또정권이 임나에 직할령을 두고 있었다는 증거라기보다는 오히려 백제가 가야7국을 평정한 뒤 백성들을 이주시켜 살게 한 특수지역이 임나에 존재했음을 보여주는 증거라고 할 수 있다. 그런데 6세기 가야에 독자적인 움직임이 나타나면서 임나가 백제에 그들의 귀국을 요구하기 시작한 것이 아닌가 생각한다.

백성들을 임나지역에 이주시키는 등 백제의 임나경영이 진전됨에 따라 군대를 현지에 주둔시킬 필요성이 증대될 수밖에 없었다고 생각한다

무력의 뒷받침 없이 임나를 경영하는 것은 불가능했다고 생각되기 때문이다. 그런데 앞서 살펴본 『일본서기』 487년 기록에서 알 수 있듯이 적어도 487년 무렵에는 백제가 임나에 군대를 상주시키고 있었던 것으로 보인다. 그러나 백제가 언제부터 임나에 군대를 상주시키기 시작했는가는 정확히 알 수 없다.

그런데 9세기에 씌어진 『신찬성씨록(新撰姓氏錄)』에는 백제 군대가 아니라 오히려 왜의 군대가 임나에 진주한 것처럼 되어 있다.

『신찬성씨록』의 관계 내용을 소개하면 다음과 같다.

옛날 스진천황(崇神天皇)[18]대에 임나국이 아뢰기를 "신의 나라 동북에 삼기문(三己汶, 상기문上己汶·중기문中己汶·하기문下己汶)이라는 땅이 있는데 지방이 300여리이며 토지와 인민이 부유하므로 신라와 더불어 서로 다투어서 피차에 다스릴 수가 없어서 전쟁이 그치지 않고 백성들이 편한 날이 없습니다. 청컨대 장군에게 명하여 이 땅을 다스리게 하십시오. 즉 귀국의 직할령으로 하십시오"라고 하였다. (…) 염수진언명(鹽垂津彦命)은 머리에 혹이 셋 있어서 소나무를 심은 것과 같았다. 그래서 송수군(松樹君)이라고 하였다. (…) 천황이 염수진언명을 보내어 칙을 받들어서 지키게 하였다(『신찬성씨록』 좌경황별左京皇別 하下 길전련吉田連조).

위 내용에 의하면 왜의 염수진(鹽垂津)이 임나에 상주한 것은 임나의 요청에서 비롯되었다. 그런데 869년에 편찬된 『속일본후기(續日本後紀)』에는 염수진에 대한 추가내용으로 그 자손들이 "시조 염수진은 대왜인이었는데 국가의 명에 따라 삼기문(三己汶)에 들어가 거주하게 되었다. 후에 그 땅이 백제에 예속되었으므로 염수진의 8대손 달솔 길대상(吉大尙)이 고국으로 돌아가고 싶은 생각이 들어 잇달아 내조하

---

18 『일본서기』에 10대천황으로 되어 있다. 야마또 조정을 확립한 최초의 천황으로 생각된다.

였다"(조오와천황承和天皇 4년(837) 6월조)라고 주장한 내용이 있다. 즉, 임나의 요청으로 염수진이 진주하여 지키던 삼기문이 백제에 예속되자 그 8대손인 달솔 길대상이 일본으로 귀국했다는 것이다. 임나가 백제에 예속되어 임나에 살던 길대상이 도일했다면 그 시기는 562년 이전이어야 한다. 임나가 최종적으로 신라에 통합되는 것이 562년이기 때문이다.

그러나 길대상이 실제로 도일하는 것은 562년 이전이 아니라 663년 백촌강싸움에서 백제·왜 연합군이 당·신라 연합군에 패배한 직후다. 『일본서기』에 의하면 길대상은 임나에 거주하고 있었던 것이 아니라 백제의 고관으로 백촌강싸움 패배 직후 백제 지배층들과 함께 일본으로 망명했다(텐지천황天智天皇 10년조). 따라서 길대상은 임나에서 살다가 귀국한 왜인이 아니라 원래부터 백제인이었던 것이다. 길대상이 삼기문에 살다가 귀국한 왜인이 아니라 백제에 살고 있던 백제인이었다는 것은 위의 『속일본후기』 내용에서도 알수 있듯이 그가 일본으로 망명할 당시 백제의 16관등 중 2위에 해당하는 '달솔'이라는 관등을 가지고 있었다는 사실로도 입증된다. 길대상은 백제의 고급관료로 663년 백제가 멸망하자 일본으로 망명했던 인물인 것이다.

길대상이 백제의 고급관료였다면 그의 8대조 염수진은 백제인일 가능성이 크고 임나의 요청으로 삼기문에 진주한 것

삼기문의 소속국 변천과 길대상 일족	
5세기 전반	길대상의 8대조 염수진, 임나의 요청으로 삼기문 진주
○○년	백제가 삼기문 장악. 왜인 길대상 도일(길대상 자손들 주장)
562년	신라가 최종적으로 삼기문 통합(대가야 멸망)
663년	백제 달솔 길대상의 실제 도일

삼기문의 변천

은 왜가 아니라 백제일 것이다. 사실 가야7국 평정 이래 임나와 관계를 맺고 있던 나라도 백제였던 만큼 임나가 삼기문에 군대의 진주를 요청한 나라도 당연히 백제였어야 할 것이다. 그런데 길대상이 일본으로 망명한 뒤 그 자손들이 길대상은 본래 왜인이었다고 주장함으로써 그의 8대조 염수진이 삼기문에 진주한 사실도 자연히 백제가 아니라 야마또 정권의 명에 의한 것으로 되어버린 것이다.

사실 백제 성왕이 가야의 한기 등을 불러놓고 "신라와 안라의 양국 접경에 큰 강이 있어 중요한 땅이라고 한다. 나는 여기에 의거하여 6성을 쌓으려고 한다. 천황에게 3000병사를 청하여 성마다 500명씩 두고, 아울러 우리 병사로 충당하여 신라가 경작하지 못하게 괴롭히면 (…) 청하는 병사는 내가 의복과 식량을 댈 것이다"(킴메이천황 5년(544) 11월조)라고 말한 내용을 보더라도 백제가 임나와 신라 사이에 백제군을 주둔시키는 예가 적잖이 있었음을 알 수 있다. 따라서 염수진은 일본에서 파견된 인물이 아니라 백제에서 파견된 인물이었다고 봐야 한다.

그렇다면 염수진으로 표현된 백제군이 최초로 임나에 진주한 시기는 언제였는가

만약 염수진으로 표현된 인물이 길대상의 8대조가 맞다면 길대상이 도일하는 것이 663년이므로 1대를 30년으로 계산한다면 염수진이 임나에 진주하는 것은 대개 5세기 전반쯤이 되리라고 생각한다. 그런데 임나에 주둔하고 있던 목군 유비기가 현지에서 '아군(我君)'으로 불리며 마침내 '신성(神聖)'을 자칭하며 왕이 되기 위해 반란을 일으키는 것이 5세기 후반인 487년이다. 백제의 임나 주둔군이 이만한 기반을 갖기까지는 상당한 시간이 필요했을 것이다. 이런 면에서도 염수진으로 대표되는 백제군이 5세기 전반 임나에 진주했다는 것은 크게 틀리지 않으리라 본다.

한편 목라근자가 임나를 구원한 382년 기록에서는 아직 백제가 임나에 군을 주둔시킨 흔적이 발견되지 않는다. 그렇다면 염수진이 임나의 요청으로 삼기문에 진주했다는 5세기 전반은 백제군대가 임나에 주둔했다는 사실을 보여주는 487년과 아직 군대를 주둔시킨 흔적이 발견되지 않는 382년 사이로 사실에서 크게 어긋나지 않는다. 이런 면에서도 백제군의 임나 주둔은 5세기 전반부터 시작되었다고 할 수 있지 않을까 생각된다.

여기서 하나 주목할 것은 염수진이 송수군(松樹君)으로도 불리었다는 점이다. 그런데 백제에서 임나를 경영하기 위해 파견된 인물 중에서 '군(君)'의 칭호가 붙여진 사람들은 목씨밖에는 없다. 따라서 송수군 염수진도 목씨였을 가능성이 높다. 그 이전에 임나를 경영하던 인물은 목라근자와 목만치 부자이고 그뒤를 이어 임나를 경영하던 인물도 목군 유비기, 목군 윤귀 등으로 모두 목씨 일족이었다는 면에서도 송수군 염수진도 목씨였을 가능성이 높다.

백제가 임나를 경영하기 위해 군대까지 주둔시키고 있었다면 임나를 경영하기 위해 무엇인가 현지기구를 설치했을 가능성이 없지 않다

일본 학자 중에는 『일본서기』 543년 기록에서 "쓰모리노 무라지(津守連)를 보내 백제에 명하여 '임나의 하한(下韓)에 있는 백제의 군령(郡令), 성주(城主)를 일본부(日本府)에 귀속하라'"(킴메이천황 4년 11월조)라고 한 내용에 보이는 '임나일본부'라는 표현을 근거로, '임나일본부'야말로 1910년 한국을 강제병합한 뒤에 한국을 통치하기 위해 설치했던 '조선

총독부'처럼 야마또정권이 임나를 지배하기 위해 현지에 설치했던 기관이라고 생각하는 사람들이 적지 않다. 그러나 앞서 살펴보았듯 '임나일본부'라는 표현 중 '일본(日本)'이라는 표현은 7세기 후반에 생겨난 말로 543년에는 아직 생겨나지도 않았었다. 따라서 "임나의 하한에 있는 백제의 군령, 성주를 일본부에 귀속하라"에 보이는 '일본'이라는 표현은 당시의 표현이 아니라 7세기 후반 '일본'이라는 말이 생겨난 뒤 720년 『일본서기』를 편찬하는 과정에서 써넣은 것임을 알 수 있다. 결국 백제의 군령, 성주를 귀속시키라는 '임나일본부'라는 기구의 543년 당시의 명칭은 '임나○○부'가 아니었을까 추측해볼 수 있다.

여기서 '임나○○부'에 귀속시키라는 '임나의 하한에 있는 백제의 군령, 성주'는 백제가 배치한 지방장관임에 틀림없다. 백제가 당시 임나에 지방장관을 배치하고 있었다는 것이 사실이라면, 그 지방장관이 소속될 '임나○○부' 또한 당연히 백제의 기관이어야 한다. 이런 면에서 "임나의 하한에 있는 백제의 군령, 성주를 일본부에 귀속하라"는 내용이야말로 야마또정권이 임나를 지배하기 위해 현지에 '임나일본부'라는 기관을 설치하고 있었다는 증거가 아니라 백제가 임나를 경영하기 위해 현지에 지방장관까지 배치하고 있었고 그들을 관장하기 위한 '임나○○부'라는 기관까지 설치하고 있었다는 증거가 아닐까 싶다.

백제는 4세기 후반에는 임나에 백제 백성들을 이주시키고, 5세기 전반부터는 군대를 주둔시켰다. 그리고 6세기 전반에는 지방장관까지 배치했다. 백제는 임나지역에 배치한 지방장관이나 이주시킨 백성들, 그리고 주둔시키고 있던 군대를 관리할 기구가 불가피했을 것이다. 그 기구가 바로 '임나○○부'가 아니었을까.

당시 적지 않은 야마또정권 호족의 자제들이 백제에 와서 관료로 일하고 있었다. 그때 백제는 남방에서는 가야지역을 둘러싸고 신라와 각축을 벌이고 있었지만 북방에서는 신라와 손잡고 고구려에 대항하고 있었다. 따라서 백제는 가야지역에서 신라와의 직접적인 충돌을 피하기 위해, 당시 백제의 관료로 일하고 있던 야마또정권 호족 자제들 중 일부를 임나지역에 배치했다. "안라의 차한기 이탄해(次旱岐夷吞奚), 대불손(大不孫), 구취유리(久取柔利) (…) 임나일본부의 키비노오미(吉備臣)가 백제에 가서 같이 칙서를 들었다"(킴메이천황 2년(541) 4월조)라든가, "「백제본기」에 우리가 이끼미(印支彌)를 머무르게 한 뒤, 코세노오미(巨勢臣) 때에 이르러"(킴메이천황 5년 3월조) 등의 기록이 이를 뒷받침한다.

그런데 『일본서기』 편자는 '임나○○부'에 일본의 씨와 성을 가진 키비노오미, 코세노오미, 이끼미 등이 소속되어

있으므로 그 성격을 분명히 하기 위해 '○○' 대신 '일본'이
라는 말을 써넣었고, 이로써 '임나일본부'라는 말이 생겨난
것이 아닌가 생각된다. 그리고 '임나일본부'의 '일본'이라는
표현 때문에 후대 사람들도 '임나○○부'를 야마또정권이
임나를 경영하기 위해 현지에 설치한 기구로 인식해버린 것
이 아니었을까.

『일본서기』에 야마또정권이 임나를 경영한 것처럼 되어
있는 내용의 원형이 무엇이었는가를 밝히다보니 사실은 백
제의 이야기였다는 결론에 이르게 되었다. 그렇다면 가야
는 백제의 속국이었고 주체적인 발전은 없었는가 하는 의문
이 생길 수 있다. 그러나 『일본서기』에 씌어 있는 내용은 임
나를 경영한 것이 왜가 아니라 백제라는 것이다. 『일본서기』
에 씌어진 백제의 임나경영이 어디까지가 사실이었으며 특
히 어째서 가야가 통일되지 못한 채 역사의 뒤안길로 사라져
버렸는가를 밝히는 일은 한국사학계의 몫이라고 생각한다.

2. 목(木)씨와 임나

백제의 가야경영은 목라근자, 목만치, 목군 유비기, 목군

윤귀 등 거의 목씨 일족에 의해 이루어졌음을 앞서 밝힌 바 있다.

그러면 목씨가 임나를 경영하던 거점은 어디였을까

목라근자는 369년에 소위 가야7국을 평정한 다음 382년에는 외부의 침략을 받은 가야국을 구원한다. 그런데『일본서기』에는 "「백제기」에 이르기를, 목만치는 바로 목라근자가 신라를 칠 때 그 나라 여자에게서 낳은 아이다. 아버지의 공으로 임나에서 마음대로 하다가 우리나라로 들어왔다"라고 씌어 있어 목라근자의 임나에 대한 공으로 아들인 목만치도 임나의 일을 전담했던 것을 알 수 있다. 목만치는 475년 고구려에 한성이 함락되어 공주로 남천할 때까지 백제의 실력자였다(제4장 2절 참조). 따라서 아버지 목라근자가 369년 가야7국을 평정한 이래 아들 목만치가 임나 일을 전담하던 475년까지 백제의 임나경영은 목라근자와 목만치 부자에 의해 이루어졌다고 할 수 있다. 그런데 369년에 목라근자가 평정한 비자벌(창녕)·남가야(김해)·녹국(경산)·안라(함안)·다라(합천)·탁순(대구)·'가야(고령)' 등 가야7국 중 하나인 '가야'가 382년 외부의 침략을 받자 목라근자는 그 사직을 부활시켜준다. 여기서 382년 목라근자가 구원한 '가야'는 특정한 가야임에 틀림없는데 앞서 369년 평정한 7가야 중 '남가야'

가 김해가야라면 '가야'는 소위 우리가 대가야라고 부르던 고령가야일 수밖에 없다.

한편 "가야국왕 기본한기(己本旱岐) 및 아들 백구지(百久至)·아수지(阿首至)·국사리(國沙利)·이라마주(伊羅麻酒)·이문지(爾汶至) 등이 그 인민을 거느리고 백제로 도망하였다. 백제는 후하게 대우하였다. (…) 목라근자를 보내 군사를 거느리고 가야에 이르러 그 사직을 복구시켰다고 하였다"(징구우황후 62년조)에서 알 수 있듯이 목라근자가 가야 구원에 나서게 된 것은 가야국왕과 그 일족이 백제로 피난하였기 때문이었을 것이다. 여기서 가야국왕과 그 일족이 백제로 피난했다는 것은 백제와 가야가 369년 이래 깊은 관계에 있었을 뿐만 아니라 서로 이웃하고 있던 지리적인 요인도 작용했기 때문이었다고 생각한다.

369년 목라근자가 평정한 가야7국 중에서 지리적으로 백제와 인접하고 있던 가야는 고령가야다. 따라서 382년에 사직을 복구시켜준 가야 또한 고령가야였을 것이다. 그렇다면 고령가야야말로 목라근자 일족이 중심이 된 임나경영의 근거지가 아니었는가 생각한다.

"키노 오히하노스꾸네가 임나를 점거하고 고구려와 교통하였으며, (…) 임나의 좌로·나기타갑배 등의 계책을 받아들여서"(켄조오천황 3년[487]조)를 보면 487년에 백제에서 파견된 목군 유비기(=키노 오노마로)가 반란을 일으킨 근거지도 '임나'로 씌어 있다. 그런데 목군 유비기가 주둔하고 있던 '임나'나 '임나의 좌로·나기타갑배 등의 계책을 받아들여서'에 보이는 좌로·나기타갑배의 본거지 '임나'는 모두 특정 가야를 의미하는 협의의 임나라고 할 수 있다.

한편 "고구려와 교통하였으며, (…) 백제의 적막이해를 이림에서 죽였다. 〔이림은 고구려의 땅이다.〕 대산성을 쌓아 동쪽 길을 막고 지켰다. 군량을 운반하는 나루를 끊어 (백제의) 군대가 굶주려 고생하도록 하였다"에서 알 수 있듯이 목군 유비기가 반란을 일으킨 '임나'는 고구려와 통할 수 있고 고구려의 이림에서 멀지 않은 곳이며 백제와 접하고 있어야 하는 곳이다. 이런 면에서 목군 유비기가 반란을 일으켰다는 '임나'도 382년 목라근자가 사직을 부활시킨 고령가야를 제외하고는 생각하기 힘들다. 이와 같이 목라근자 이래 백제의 임나경영을 검토해보면 임나가 곧 고령가야를 지칭한다는 사실을 알 수 있다.

"옛날에 스진천황(崇神天皇) 대에 임나국이 아뢰기를 '신의 나라 동북에 삼기문(上己汶·中己汶·下己汶)이라는 땅이 있는데 지방이 300여리이며 토지와 인민이 부유하므로 신라와 더불어 서로 다투어서 피차에 다스릴 수가 없어서 전쟁이 그치지 않고 백성들이 편한 날이 없습니다'"(『신찬성씨록』

임나와 백제의 위치관계

좌경황별 하 길전련조)라는 부분도 주목할 만하다. 이는 임나의 위치를 시사하는 거의 유일한 자료다. 이 내용에 보이는 것처럼 임나는 그 동북에 있는 삼기문을 둘러싸고 신라와 분쟁을 일으켰다. 방위로만 따지면 임나는 신라의 서쪽이고 삼기문의 서남쪽이다. 결국 이 기록의 '임나'도 "백제와 접하고 있으면서 고구려의 이림에서 멀지 않은 임나"(켄조오천황 3년조)와 위치가 일치하므로 고령가야를 제외하고는 생각하기 힘들다.

일본 학계에서는 대부분 '김해'를 임나로 생각하고 있다

그 중요한 논거는 구야한국(狗邪韓國) 즉, 김해가야가 이전부터 왜가 한반도에 진출하는 근거지였다는 데 있다. 『삼국지 위지 동이전』 등 중국 기록에는 왜가 기원전후부터 구야한국을 기착점으로 해서 중국에 왕래한 것으로 씌어 있기 때문이다. 스에마쯔도 "임나는 지리적으로 말하면 제한국(諸韓國)의 하나인 구야한국에 기원하고"라고 하여 김해가야가 임나임을 일찍부터 지적했다. 왜가 김해가야 즉 임나를 근거로 가야제국을 지배했다고 생각했기 때문에 임나가 가야제국을 의미하는 광의로도 사용되었다고 본 것이다.

한국 학계의 일부에서도 김해가야가 임나라는 설을 받아들인 다음 「광개토대왕비문」 400년 기록 가운데 "대왕은 (…) 왜가 가득 차 있었다. (…) 뒤를 타고 급히 추격하여 '임나가야'의 종발성에 이르렀다"라는 내용을 근거로 고구려군이 임나가야 즉 김해까지 이르렀던 것으로 보고 있다. 그러자 일본의 역사교과서들도 이 내용을 근거로 "왜가 한반도에 나가 임나가야를 근거로 활약했다"고 쓰고 있는 것이다. 그러나 임나를 경영한 것이 백제였다면 가야제국의 북방에 있던 백제가 가야제국의 최남단에 있는 김해가야를 임나경영의 근거지로 삼았을 턱이 없다. 이런 면에서도 임나를 경영한 것이 야마또정권이 아니라 백제라면 백제의 임나경영의 근거지였던 고령가야를 임나라고 보는 것이 타당하다.

3. 목(木)씨와 왜

왜는 404년 '대방계(현 황해도)'까지 올라가서 고구려와 싸웠다(「광개토대왕비문」 영락 14년조). 그런데 지리적으로 왜가 대방계까지 올라가서 고구려와 싸우기 위해서는 가야와 백제 지역을 통과하지 않으면 안된다. 그렇다면 대방계까지 올라가서 고구려와 싸운 왜는 어떤 형태가 되었건 백제·가야의 도움을 받지 않을 수 없었을 것이다. 다시 말하면 대방계에서 고구려와 싸운 세력은 왜로 표현되어 있지만 실질적으로는 백제·가야·왜 3국의 연합세력이었을 가능성이 높다.

그런데 399년 기록에는 "백잔(백제)이 맹서를 어기고 왜와 화통했다. 이에 왕이 평양으로 행차하여 내려갔다"(「광개토대왕비문」 영락 9년조)고 씌어 있고, 404년 기록에도 "왜가 법도를 지키지 않고 대방 경계까지 침입하였다. 백잔과 화통하고"(「광개토대왕비문」 영락 14년조)라고 씌어 있어서 대고구려전에 왜를 끌어들인 것이 백제였음을 알 수 있다. 그렇다면 「광개토대왕비문」에 왜로 표현되어 있는 백제·가야·왜 3국연

합의 주체는 백제였다고 할 수 있다.[19]

한편 400년 기록에는 "왕이 보병과 기병 도합 5만명을 보내어 신라를 구원하게 하였다. 남거성(男居城)을 거쳐 신라성(新羅城)에 이르니 그곳에 왜군이 가득하였다. 관군이 막 도착하니 왜적이 퇴각하였다. 그 뒤를 급히 추격하여 임나가야의 종발성(從拔城)에 이르니 성이 곧 항복하였다"(「광개토대왕비문」 영락 10년조)고 씌어 있다. 따라서 당시 임나가야가 왜의 대고구려전의 근거지였음이 유추된다.

그런데 『일본서기』 414년 기록에는 "「백제기」에 이르기를, 목만치는 바로 목라근자가 신라를 칠 때에 그 나라 여자에게서 낳은 아이다. 아버지의 공으로 임나 일을 전담하다가 우리나라로 들어왔다"라고 씌어 있어 목라근자가 369년 가야7국을 평정한 이래 적어도 414년(실제는 475년. 제4장 2절 참조)까지는 백제의 임나경영이 목라근자·목만치 부자에 의해 이루어지고 있었음을 알 수 있다. 그 근거지는 임나 즉, 고령가야였다. 한편 404년 백제를 도와서 고구려와 싸운 왜군의 거점도 바로 목라근자 부자가 임나경영의 근거지로 삼았던 '임나'였다. 그렇다면 왜를 대고구려전에 끌어들인 것이 백제였으므로 왜의 군대에 임나를 거점으로 제공한 것은 백제

---

19 3국연합의 주체가 백제였으며 당시 왜를 끌어들인 것도 백제라는 사실은 제6장 1절에서 자세히 설명한다.

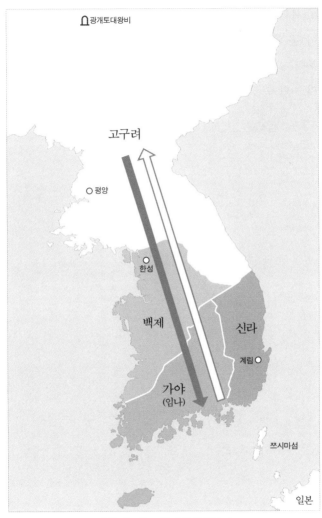

광개토대왕비

고구려

○ 평양

○ 한성

백제

신라

계림 ○

가야
(임나)

쯔시마섬

일본

왜의 진로와 고구려군의 추격로

의 목라근자 부자였다고 할 수 있다. 결국 왜가 임나(고령가야)를 대고구려전의 전진기지로 삼은 400년을 전후한 시기부터는 목라근자 부자가 왜와 밀접한 관계를 유지하고 있었다고 할 수 있다.

제4장

백제의 임나경영이
어째서 왜의 임나경영이 되어버렸는가

1. 목라근자(木羅斤資), 목만치(木滿致) 부자의 임나경영

백제의 임나경영은 주로 목씨 일족에 의해 이루어지고 있었다. 그런데『일본서기』에는 목씨의 임나경영이 대부분 일본천황의 명에 의한 것이라고 씌어 있다.

『일본서기』를 편찬하는 과정에서 어째서 목씨의 임나경영이 전부 일본천황의 명에 따라 이루어진 것처럼 되어버렸는가 하는 의문이 생긴다

그 의문은 목씨의 성격이 밝혀지면 자연히 해소될 수 있으리라고 생각한다. 369년 가야7국을 평정한 목라근자가

382년에도 외부 침입을 받은 가야(임나)를 구원한 것이 사실이라면 목라근자의 가야지역에 대한 영향력은 증대할 수밖에 없었을 것이다. 이와 같은 사실은 487년 반란을 일으킨 임나 주둔 장군 목군 유비기(木君有非岐)나 6세기초 임나를 부흥시키기 위한 안라회의를 주도한 목군 윤귀(木君尹貴) 등 목라근자 이후에도 백제의 임나경영의 책임자가 하나같이 목씨 일족이었다는 사실이 잘 말해준다.

그런데 『일본서기』에는 목라근자의 뒤를 이어 임나 일을 전담하던 아들 목만치에 관한 내용이 보인다. 가야7국을 평정하고 대가야를 구원한 부 목라근자의 공으로 그의 아들 목만치가 임나 일을 전담했을 뿐만 아니라 백제의 국정까지 장악하여 권세를 천하에 떨쳤다는 것이다(오오진천황 24년조). 『일본서기』 대부분의 필사본은 목만치를 '대왜 목만치(大倭 木滿致)'로 표기하여 그를 '왜인'으로 기록하고 있다. 『일본서기』는 목만치를 왜인으로 인식하고 있었던 것이다. 위 내용에서도 목만치를 왜인인 것처럼 서술하고 있다. 그러나 『일본서기』는 목만치의 부 목라근자를 '백제장'이라고 명시하고 있다(징구우황후 49년조). 따라서 목라근자가 '백제장'이 맞다면 그의 아들인 목만치는 당연히 백제인이어야 할 것이다.

한편 『삼국사기』에도 목라근자의 아들 목만치에 관한 기록이 보인다. "개로왕이 (…) 그 아들 문주에게 '내가 어리석고 밝지 못하여 간인의 말을 신용하여 이 지경에 이르렀다. 백성은 쇠잔하고 군대는 약하여 비록 위태한 일이 있다 하더라도 누가 나를 위하여 힘써 싸우기를 즐거워하겠는가. 나는 마땅이 사직을 위하여 죽겠지만 너도 여기서 함께 죽는 것은 무익한 일이다. 너는 난을 피하여 나라의 계통을 잇도록 하라'고 하였다. 문주는 이에 목협만치(木劦滿致)·조미걸취(祖彌桀取)와 함께 남으로 갔다"(개로왕 21년[475]조)는 내용을 보면, 목만치는 고구려 장수왕의 공격으로 백제의 수도 한성이 함락될 즈음 개로왕의 아들 문주왕과 함께 공주로 남천하여 백제를 재건하는 인물로 등장한다. 목만치는 실존하던 백제의 중신이었음이 분명하다. 그리고 그 부 목라근자도 백제인이다.

그렇다면 『일본서기』는 목라근자를 '백제장'으로 명시하면서도 어째서 그 아들 목만치를 왜인으로 인식하고 있었는가?

『일본서기』의 "왕의 어머니와 서로 정을 통하고 무례한 행동이 많았다. 천황이 이 소식을 듣고 그를 불렀다"라는 내용이나 『일본서기』에 인용된 「백제기」의 "천조에서 그 횡포함을 듣고 그를 불렀다"(오오진천황 25년조)라는 내용에서 알 수 있듯이 그 원인에는 약간의 차이가 있지만 일본 측 자료를 바탕으로 한 오오진천황조나 백제 측 자료를 바탕으로 한 「백제기」는 다같이 목만치가 한반도에서 활약하다가 도일 했다고 기록하고 있다. 따라서 『일본서기』가 그 부 목라근자를 '백제장'이라고 하면서도 목만치를 '대왜인(大倭人)' 또는 왜인으로 취급하고 있는 것은 목만치가 「백제기」나 『일본서기』에 서술되어 있는 것처럼 실제로 도일하여 일본에 정착하여 왜인이 되었기 때문이 아닌가 생각한다. 그렇다면 목만치가 도일하여 일본에 정착했다는 내용의 실마리는 있는 것일까.

2. 목만치의 도일과 소가만지(蘇我滿智)

목만치가 도일한 뒤 『삼국사기』나 『일본서기』에는 전혀 그의 이름이 등장하지 않는다. 다만 일본에서는 목만치가 도일한 것과 거의 같은 시기에 소가(蘇我, 우리 음으로는 '소아'이지만 일본음으로 '소가'이다)씨의 조상으로서 목만치(木滿致)와 이름이 일치하는 소가만지(蘇我滿智, 소가노마찌)라는 인물이 등장한다.[20]

따라서 일찍부터 일본 학계에서도 소가만지(蘇我滿智)는 백제의 목만치(木滿致)가 아닐까 하는 의문이 제기되어왔다

소가씨는 백제가 5세기 후반에서 6세기말에 걸쳐 보낸 기술자들을 장악하고 그들을 바탕으로 야마또정권의 실권을 장악한 호족이다. 백제가 보낸 기술자들이 일본의 관료제도 발전에 크게 기여했으므로 그들을 거느리던 소가씨는 자연히 야마또정권을 주도할 수 있게 되었고, 587년 소가노 우마꼬(蘇我馬子) 때 대립관계에 있던 모노노베(物部)씨를 타도하고 이후 7세기 후반까지 야마또정권을 장악하고 친백제정책을 주도했다. 그 사이 요우메이(用明, 재위 586~87), 스슌(崇峻, 재위 588~92), 스이꼬(推古, 재위 593~628) 세명의 외손을 천황으로 앉히고 그 가운데 스슌천황을 살해하는 등 무소불위의 권력을 휘둘렀다.

소가씨의 실질적인 조상으로 일컬어지는 소가만지가 백제에서 건너갔음을 시사하는 자료가 바로 소가씨의 계보다. 우선 소가씨 계보상 실질적인 조상은 소가만지로 되어 있다. 소가만지에서 시작하는 소가씨 계보는 소가만지(蘇我滿智) ─ 소가한자(蘇我韓子, 소가노 카라꼬) ─ 소가고려(蘇我高麗, 소가노 코마) ─ 소가도목(蘇我稻目, 소가노 이나메) ─

---

20 木滿致의 '致'와 蘇我滿智의 '智'는 일본음으로는 다같이 'チ'(치, 찌)로 읽힌다.

소가노 우마꼬(蘇我馬子, 다른 이름은 斯麻＝사마, 일본음으로는 '시마'로 섬을 뜻한다)——소가선덕(蘇我善德, 소가노 젠또꾸) 등으로 이어진다. 소가씨 계보의 특징은 '소가도목'(蘇我稻目, 일본음으로는 '소가노 이나메'가 된다)을 제외하고는 하나같이 한국식 이름을 가지고 있다는 것이다.

소가씨의 시조인 만지(滿智)의 이름이 백제의 목만치(木滿致)와 일치할 뿐만 아니라 아들 '한자', 손자 '고려'도 한국과 관련된 이름이고, 소가씨 권력을 확립한 '우마꼬'(馬子)의 다른 이름 '사마(斯麻)'도 백제 무령왕(재위 501~22)의 이름 '사마(斯麻)'와 같다.[21] 그리고 사마의 장자 '선덕'도 신라의 선덕여왕과 같은 이름이다.

그러면 소가씨는 어떤 씨족일까

『일본서기』 편찬 당시 일본의 역사가 오래되었음을 과시하기 위해 천황가 계보에 2대에서 9대까지 8명의 가공천황을 만들어 넣었다는 설이 유력하다. 일본에서 소위 '결사(缺

---

21 무령왕이 오히려 일본식 이름을 가졌다고 생각할 수도 있을 것이다. 그러나 소가노 우마꼬(?~626)가 무령왕보다 후대의 인물이라는 점에서 오히려 소가노 우마꼬의 이름이 무령왕의 이름과 무관하지는 않다고 생각한다. 더구나 만지, 한자, 고려 등 조상들이 한반도와 관계된 이름을 갖고 있다는 면에서도 무령왕의 이름을 전혀 의식하지 않았다고는 생각되지 않는다.

史, 후대에 만들어 넣은 가짜 천황) 8대'라고 불리는 천황들이다. 그 가공의 여덟 천황 중의 하나인 8대 코오겐천황(孝元天皇)에 그들의 계보를 연결시키고 있는 유력한 호족들 중 하나가 소가씨다. 그렇다면 어째서 소가씨가 가공의 천황에게 그들의 계보를 의탁했을까 하는 의문이 생긴다.

8세기에 만들어진 율령이나 『일본서기』에는 삼국을 번국(蕃國, 오랑캐 나라)으로 규정하고 있다. 이런 상황에서 야마또 정권을 좌지우지하면서 왜의 주인 행세를 하던 소가씨가 자신들이 번국 출신임을 밝힐 수는 없었을 것이다. 소가씨가 굳이 가공의 천황에게 계보를 의탁한 것은 여기에 그 이유가 있었던 것이 아닌가 생각한다. 그럼에도 불구하고 소가씨가 굳이 한국식 이름을 계보에 그대로 남겼다는 것은 소가씨가 한반도에서 건너간 사람들이 아니고서는 있을 수 없는 일이다.

한편 7세기 일본의 수도였던 아스까에 세워진 아스까사(飛鳥寺)는 소가노 우마꼬가 조상들의 명복을 빌기 위해 588년 백제로부터 승려, 불사리(佛舍利), 사공, 노반박사(鑪盤博士, 불탑 꼭대기에 상륜부를 만드는 기술자), 와박사(瓦博士, 기와 기술자), 화공 등을 초빙하여 596년에 완성한 절이다. 그런데 아스까사 탑의 기둥을 세우고 불사리를 봉납하는 광경이 헤이안시대(平安時代, 794~1185) 말기에 씌어진 일본사서 『부상략기(扶桑略記)』에 상세히 소개되어 있다.『부상략기』에는 "소가노 우마꼬가 아스까(飛鳥)에서 싸울 때 약속했던 바에 따라 아스까사를 세웠다. 탑의 기둥을 세우던 날 소가대신 (蘇我大臣＝소가노 우마꼬)과 100여명이 모두 백제의 옷을 입었다. 보는 자들이 모두 기뻐하였다. 불사리를 기둥의 초석함에 넣어 안치하였다"(스이꼬천황 593년조)고 씌어 있어 당대의 실력자 소가노 우마꼬 대신이 참석자 100여명과 더불어 백제의 의복을 입고 씨사(氏寺)의 준공식을 거행했음을 알 수 있다. 이는 소가씨가 백제인이 아니고는 있을 수 없는 일이다.

소가씨의 씨사 아스까사

소가씨가 백제인이라는 결정적 증거는 소가만지의 6대손 소가입록(蘇我入鹿)의 이름이다. 그의 정식 이름은 '소가대랑임신안작(蘇我大郞林臣鞍作)'으로 '임(林)'씨를 칭한 것으로 되어 있다. 그런데 그 임(林)씨가 『신찬성씨록』에는 "백제국인 목씨의 후예다(百濟國人木貴之後也)"(섭진국攝津國 제번諸蕃조)라고 나온다. 즉, 그는 백제 8성귀족 중 하나인 목(木)씨의 후예인 셈이다. 소가만지의 6대손 소가입록이 백제 목씨의 후예가 틀림없다면 그 조상 소가만지는 백제인이며 백제에서의 성은 목씨이고 결국 소가만지의 백제에서의 이름은 목만치라고 할 수 있다. 다시 말해 목만치가 도일하여 씨만 '소가(蘇我)'로 바꾼 셈이다. 여기서 '소가(蘇我)'라는 씨명은 그들이 근거지로 삼았던 야마또국 타까이찌군(高市郡)의 '소가(蘇我)'라는 지명에서 유래한 것으로 보인다. 『일본서기』가 그 부 목라근자를 '백제장'이라고 명기하면서도 목만치를 '왜인'으로 취급하고 있는 것은 여기에 그 원인이 있었던 것이 아닌가 생각된다.

그러면 목만치가 도일하여 정착하게 된 이유는 무엇이었을까

『일본서기』에는 목만치의 도일 이유가 백제의 "직지왕(直支王)이 세상을 떠나니, 아들 구이신왕(久爾辛王)이 왕위에 올랐다. 왕이 나이가 어렸으므로 목만치가 국정을 잡았는

데 왕의 어머니와 서로 정을 통하고 무례한 행동이 많았다. 천황이 이 소식을 듣고 그를 불렀다"라고 씌어 있다. 더불어 『일본서기』에는 그의 도일 시점이 오오진천황 25년(414) 즉, 백제의 구이신왕 때로 기록되어 있다. 그러나 목만치가 도일했다는 414년은 구이신왕(재위 420~26) 때가 아니라 직지왕(재위 405~16) 때에 해당된다(바로 아래에서 다루겠지만 실제 그의 도일 시기는 414년이 아니라 475년이다). 그렇다면 『일본서기』에 보이는 "구이신왕이 어렸으므로 국정을 장악하고 왕의 어머니와 정을 통했다"는 그의 도일 이유는 성립되지 않는다. 한편 『일본서기』에 인용된 「백제기」에는 목만치의 도일 이유가 "그 횡포함을 듣고 그를 불렀다"라고 막연하게 씌어 있다. 따라서 그가 도일하게 된 참 이유가 궁금해진다.

『삼국사기』에 의하면 목만치는 475년 한성이 함락되었을 때 문주왕과 함께 공주로 내려간 것으로 되어 있다. 따라서 목만치는 475년까지는 한반도에 머물러 있었다고 추정할 수 있다. 그런데 475년 한성이 고구려의 공격으로 함락되었을 때 백제가 신라에 구원을 청하자 신라는 1만명의 원군을 보내준다. 한편 앞서 살펴보았듯이 「광개토대왕비문」에는 399년 "백잔이 맹서를 어기고 왜와 화통하였다"라는 기록과 400년 "왜가 법도를 지키지 않고 대방 경계까지 침입하였다.

백잔과 화통하고"라는 기록이 있다. 이 기록에서 알 수 있듯이 400년을 전후한 시기부터 백제는 왜를 대고구려전에 끌어들였다. 따라서 475년 한성이 함락되고 개로왕이 전사하는 국가존망의 위기에, 신라에도 구원을 청하면서 이미 400년 전후부터 동맹관계에 있던 야마또정권에 구원을 청하지 않았을 리가 없다고 생각한다. 백제가 야마또정권에 구원을 청한 것이 사실이라면 목라근자 때부터 임나를 관장하면서 그들에게 대고구려전의 전진기지로서 '임나'(고령가야)를 제공하는 등 일찍부터 야마또정권과 긴밀한 관계를 갖고 있던 목라근자·목만치 부자야말로 원군을 요청하는 사절로서 최적격자가 아니었을까.

당시에는 백제에서 왕족 등 유력자들이 교대로 도일하여 야마또조정에 머물면서 우호관계를 다지고 있었다. 일례로 개로왕의 동생 곤지(昆支)가 461년 왜에 파견되었다. 그리고 『삼국사기』에 477년 "왕의 동생 곤지를 내신좌평으로 삼았다"(문주왕 3년조)라고 되어 있는 것으로 보아 477년 직전에 귀국한 것이 아닌가 생각한다. 그렇다면 475년 목만치가 도일하면서 곤지가 귀국한 셈이 된다. 다시 말하면 목만치는 원군 요청과 함께 곤지의 역할을 대신하는 의미를 지닌 채 도일한 것이 아닌가 생각한다.

목만치가 원군을 청하는 사절로서 도일한 것이 사실이라

면 거주지가 흔히 '씨'로 사용되던 고대 일본의 관습에 따라서 목만치가 거주하던 '소가(蘇我)'가 자연히 씨가 되었을 것이다. 그런데 목만치가 475년까지 백제에 머물고 있었던 것이 틀림없다면 그의 도일 시기는 『일본서기』에 기록된 오오진천황 25년(414)이 아니라 1주갑(60년) 후인 475년이 아닐까 추측한다. 당시는 간지(干支)로 연대를 표시했으므로 흔히 1주갑 즉 60년의 오차가 발생한다.[22] 그리고 새로 등극한 왕의 원년을 선왕이 죽은 해로부터 계산할 것인가 그 다음 해로부터 계산할 것인가에 따라서 1년의 오차는 흔히 발생한다. 따라서 목만치의 도일 시기는 414년이 아니라 475년이 될 수 있다.

목만치의 부 목라근자가 『일본서기』에 처음 등장하는 것이 369년인데 목만치가 475년경 도일했다면 아버지가 활동한 시기와 그 아들의 활동시기가 100년 이상이나 차이가 나기 때문에 그 기간이 너무 길다는 의문을 가질 법하다.

『일본서기』에서 목만치는 목라근자가 신라를 칠 때 그 나라 여자에게서 낳은 아이라고 씌어 있다. 『삼국사기』에 의

---

22 干支, 간은 갑·을·병·정 등이고 지는 자·축·인·묘 등이다. 따라서 간지로써 연대를 표시하면 60년마다 같은 간지가 돌아온다. 다시 말하면 간지로 연대를 표시하던 시대에는 60년, 120년 등 60년 단위의 오차가 흔히 일어난다는 것이다.

하면 목라근자가 최초로 등장하는 369년부터 그 아들 목만치가 한반도에서 마지막으로 확인되는 475년 사이에 백제가 신라와 싸운 것은 403년 "가을 7월에 군사를 보내 신라의 변경을 쳤다"(아신阿莘왕 12년조)가 유일하다. 403년을 전후해서 백제와 신라 사이에 전투가 있었음은 「광개토대왕비문」에서도 확인된다. 따라서 「백제기」의 "목만치는 목라근자가 신라를 칠 때 신라 여자를 취해서 얻은 아들"이라는 내용이 사실이라면 목라근자가 목만치를 얻은 것은 403년을 크게 벗어나지 않은 시기였다고 할 수 있다.

목라근자가 369년 가야7국을 평정할 때 20대였다면 403년경 신라 여자를 얻어 목만치를 낳은 때는 50대였다고 할 수 있다. 50대에 아들을 두지 못할 이유가 없다. 삼국을 통일한 김유신도 예순이 넘어서 누이동생과 김춘추 사이에서 태어난 딸을 부인으로 얻어서 자식을 낳았다는 기록이 있다. 목만치가 403년을 크게 벗어나지 않는 시기에 태어났다면 목만치가 도일하는 475년경에는 일흔을 전후하는 나이였다고 할 수 있다. 그렇다면 부 목라근자가 369년에 활약했다고 해서 그 아들 목만치가 475년까지 활약할 수 없었다고 할 수는 없을 것이다. 따라서 연령문제 때문에 목만치가 도일하여 소가만지가 될 수 없었다고는 할 수 없다.

무엇보다도 『일본서기』와 「백제기」가 다같이 그가 한반도에서 활약하다가 일본으로 건너갔음을 전하고 있고,『일본서기』가 그 아버지 목라근자를 '백제장'이라고 명기하면서도 그를 '왜인'으로 인식하고 있었다는 사실이 목만치가 도일하여 왜인이 되었음을 잘 말해준다. 더불어『일본서기』가 목만치를 일본으로 소환한 것으로 쓰고 그를 왜인으로 인식하고 있었음에도 불구하고 도일 후 목만치라는 이름이『일본서기』등 일본 측 기록에 전혀 등장하지 않는다는 사실은 그가 다른 이름으로 정착했음을 보여준다. 이런 면에서 소가만지는 백제에서 건너간 목만치일 가능성이 높다.

원군을 청하기 위해 도일한 목만치가 어째서 일본에 영주하게 되었는가 하는 의문이 생길 수도 있다. 그러나 우호를 다지기 위해 도일했던 백제의 왕족들 중에도 일본에 그대로 정착한 사람들이 적지 않다. 예를 들면 461년에 파견되었다가 477년경에 귀국한 것으로 생각되는 개로왕의 동생 곤지는 일본에서 다섯 아들을 얻었는데 그중에서 동성왕과 무령왕은 귀국하여 왕위에 오르는 내용이 보이지만 나머지 세 아들은 후에 귀국한 기록이 없는 것으로 보아 일본에서 생을 마친 것으로 보인다. 무령왕의 아들 순타(淳陀)도 일본에서 생을 마친 것으로 되어 있다. 따라서 당시의 예로 보아 목만치가 일본에 정착한 것은 별로 특이한 일은 아니다.

3. 목씨의 임나경영이 어째서 야마또정권의 임나경영이 되어버렸는가

『일본서기』 편자는 목만치를 왜인이라고 인식하고 있었으므로, 그 아버지 목라근자의 백제장으로서의 업적을 일본천황의 명에 따른 것으로 기술하지 않을 수 없었다. 『일본서기』가 목만치의 부 목라근자를 '백제장'으로 기록하면서도 목라근자의 369년 가야7국 평정이나 382년 가야 구원 등을 일본천황의 명에 의한 것으로 기록한 것은 여기에 그 원인이 있었던 것이다. 『일본서기』는 유력한 씨족들이 제출한 기록을 바탕으로 만들어졌기 때문이다. 다시 말하면 백제의 임나경영이 야마또정권의 임나경영이 되어버린 것은 목만치를 '왜인'으로 인식한 데서 비롯되었다는 것이다.

한편, 목군 유비기의 반란, 목군 윤귀의 임나부흥회의 등 백제의 임나경영도 목라근자의 369년 가야7국 평정이나 382년 가야(임나) 구원을 전제로 한다. 여기서 『일본서기』 편자는 목라근자의 369년 가야7국 평정이나 382년 가야 구원을 일본천황의 명에 의한 것으로 한 이상 목군 유비기의 반란이나 목군 윤귀의 임나부흥회의 등도 자연히 일본천황의 명에 의한 것으로 하지 않을 수 없었으리라고 본다. 더욱이 임나경영과 관련이 있는 목군 유비기, 목군 윤귀 등이 하나같이 목만치 일족이다. 따라서 목만치를 왜인이라고 규정한 『일본서기』에서는 목만치 부자 이래 목씨가 중심이 된 임나경영도 일본천황의 명에 의한 것으로 하지 않을 수 없었을 것이다. 목씨가 중심이 된 백제의 임나경영이 야마또정권의 임나경영이 되어버린 데는 여기에 그 원인이 있었던 것이 아닌가 생각한다.

임나경영이 대부분 목씨를 중심으로 이루어졌음에도 불구하고 『일본서기』가 적지 않은 부분을 '키(紀)씨'의 활동으로 기록한 것 또한 특기할 만하다. 『일본서기』에는 487년 임나 주둔 책임자로 있다가 반란을 일으킨 목군 유비기를 대체한 키노 오히하(紀生磐)나 562년 신라에 멸망한 임나를 구원하기 위해 출동한 백제장군을 대체한 키노 오노마로(紀男麻呂) 등이 모두 키(紀)씨로 기록되어 있다.

목씨의 임나경영의 일부가 어째서 키(紀)씨라는 특정한 씨족으로 한정되어 있는가 하는 의문이 생긴다

키씨의 본관지는 일반적으로 지금의 와까야마현(和歌山縣) 키노까와(紀ノ川) 유역 좌안 일대로 여겨진다.

그들의 본관지인 키노까와 유역 좌안에는 한반도에서 유

래한 횡혈식 석실분(옆으로 통로를 만들어서 들어갈 수 있게 되어 있는 무덤)을 가진 2000여기의 이와센쯔까 고분군(岩千塚古墳群)이 있다. 5, 6세기에 등장하는 이와센쯔까 고분군은 막대한 한반도계의 유물을 부장(副葬)하고 있어 일찍부터 고고학적으로 한반도 사람들의 집단 이주지로서 주목받아왔다. 그럼에도 불구하고 일본 학계에서는 『일본서기』에 키노 오히하나 키노 오노마로 등 키씨 일족들이 한반도 남부에서 활약하는 모습이 적지 않게 보이므로 이와센쯔까 고분군에서 발견되는 한반도계 유물은 그들이 한반도 남부를 경영하는 과정에서 가져간 것으로 여겨왔다.

고대 일본 각 지방의 명칭의 유래나 산물 등을 기록한『풍토기(風土記)』(713)에는 "옛날 고구려 사람들 집단이 한국으로부터 내일해서 처음 키이국 나꾸사군 오오따촌(紀伊國 名草郡 大田村, 키노까와 유역)에 도착하였다"(이보군揖保郡 대전리大田里조)라고 씌어 있어 문헌적으로도 키씨의 본관지가 일찍부터 한반도 사람들이 집단적으로 이주하여 살던 곳임을 알 수 있다(당시 일본의 기록에는 고구려와 백제가 구분 없이 쓰이는 경우가 많다). 한편, 키씨의 히노꾸마신사(日前神社)에 모셔져 있는 조상신인 국현신(國懸神)을 일반적으로는 '쿠니까까스까미(國懸神)'라고 부르지만 『일본서기』의 한 사본에는 "카라꾸니까라노까미(한국에서 온 신)"라고도 되

횡혈식 석실분

어 있다. 이렇듯 그들의 조상신의 명칭에서도 그들이 한반도에서 건너간 씨족임을 알 수 있다.

그런데 키씨의 '키(紀)'(＝き＝키)는 『고사기』나 『일본서기』에는 '목(木)'(＝き)으로도 표현되어 있다. 일본 음으로는 '키(紀)'나 '목(木)'은 같은 키(＝き)음인 것이다. 예를 들면 '紀臣'이 '木臣'으로도 씌어 있다. 키씨가 한반도에서 건너간 씨족이 맞다면 키씨의 한반도에서의 성씨는 목(木)씨였으며 도일하기 전 한반도에서는 목씨 일족으로서 활동했음을 알 수 있다.

키씨가가 도일하기 전 한반도에서 목씨로 활약했다면 그들의 조상들이 한반도에서 백제장군으로서 임나를 경영한 사실도 일본천황의 명을 받아서 한 일로 되지 않을 수 없었을 것이다. 그래서 『일본서기』에는 목군 유비기(木君有非岐)를 일본식 표현으로 바꿔 키노 오히하(紀生磐宿禰)로 한 것이 아닌가 생각된다(두 사람의 일본 발음이 유사한 것은 제2장 4절 참조).

『신찬성씨록』과 『속일본후기』에도 임나를 경영하던 백제장군 자손이 도일하여 왜인으로 칭함으로써 백제의 임나경영이 야마또정권에 의한 것으로 되어버린 경우가 보인다. 제3장에서 소개한 것처럼 『신찬성씨록』에는 임나의 요청으로 일본천황이 염수진(鹽垂津)을 삼기문(三己汶)에 주둔시킨 것으로 되어 있다. 그리고 『속일본후기』에는 염수진에 대한 후속 내용이 보이는데, 삼기문을 신라에 빼앗기게 되자 임나를 지키던 염수진의 8대손 '달솔 길대상(吉大尙)'이 일본으로 귀국했다고 씌어 있다. 그러나 달솔 길대상은 백제의 16관위 중 2위에 해당하는 '달솔'직에 있던 사람으로 663년 백제가 멸망할 때 지배층 사람들과 함께 도일한 백제인이다. 그런데 그 자손들이 길대상이 원래부터 왜인이었다고 주장함으로써 그 조상 염수진의 삼기문 진주 또한 일본천황의 명에 의한 것처럼 되어버린 것이다. 목만치의 자손들이 왜인 행세를 함으로써 그 조상인 목라근자의 가야7국 평정 등 백제장으로서의 임나경영이 일본천황의 명에 의한 것처럼 되어버린 것과 같은 현상이라고 할 수 있다. 한편 제3장 1절에서 이미 지적한 것처럼, 염수진은 송수군(松樹君)으로도 불리었는데 여기서 '군(君)' 호칭은 임나경영자 중에서는 목씨에게만 붙여지던 존칭이었던 것으로 보아 염수진도 목씨였을 가능성이 높다.

제5장

왜와 한반도 각국의 관계는?

1. 야마또정권과 한반도 관계의 중심은 임나가 아니라 백제

『일본서기』에 나오는 야마또정권의 임나 지배 기록이 사실은 백제에 의한 임나경영을 개변한 것이라면 당시 야마또정권과 임나 또는 한반도 각국과의 관계는 어떠했을까

일반적으로는 일본천황가가 소위 '만세일계(萬世一系)'라 하여 초대 진무천황(神武天皇)부터 125대 현 아끼히또천황(明仁天皇)까지 한번도 바뀌지 않고 한 집안에서 내려왔다고 일컬어진다. 그러나 학계에서는 왕조가 3번 바뀌었고 그중 세번째 왕조는 현 천황가의 시조인 26대 케이따이천황(재위 507~31) 때부터 시작된 것으로 본다. 따라서 새로운 왕조가

들어서는 507년 이후부터는 한반도 각국과의 관계도 달라졌을 가능성이 높다. 실제로 케이따이천황이 등장하는 507년부터 한반도 각국과의 관계는 질적으로나 양적으로 월등히 긴밀해진다.

그런데 가야 즉, 임나가 신라에 의해 완전히 통합되는 것이 562년이다. 따라서 케이따이천황이 등장하는 507년부터 임나가 멸망하는 562년까지는 야마또정권과 한반도 각국의 관계에서 대단히 중요한 의미를 지닌 시기다. 562년 이후 야마또정권과 한반도 각국의 관계는 562년 이전 야마또정권이 임나를 지배했는지 여부에 따라 그 성격이 완전히 달라지기 때문이다. 507년에서 562년까지 야마또정권과 한반도 각국의 관계를 알아보려는 이유가 여기에 있다.

스에마쯔는 왜가 임나를 직접 지배하고 백제와 신라를 간접적으로 지배했다고 말한다. 그런데 국가간 관계는 인적·물적 교류로 표현된다. 그렇다면 당시 야마또정권이 임나를 직접 지배하고 백제와 신라를 간접 지배했는지의 여부도 507~562년 사이의 인적·물적 교류의 내용을 통해 엿볼 수 있을 것이다. 스에마쯔의 주장이 『일본서기』를 바탕으로 하고 있는 만큼 507~562년의 50여년간 『일본서기』에 보이는 야마또정권과 한반도 각국의 인적·물적 교류를 살펴보면 야마또정권과 한반도 각국의 관계는 자연히 밝혀지리라 생각한다.

『일본서기』의 507년에서 562년 사이의 기록 가운데 야마또정권과 한반도 각국의 인적·물적 교류를 조사해보면 신라·고구려와는 각각 왕복 2회의 교류밖에 없었다. 그런데 그 교류 내역을 보면 야마또정권은 신라나 고구려에 전혀 사자를 파견하지 않은 반면 신라와 고구려는 각각 2회씩 야마또정권에 사자를 파견했다. 임나와는 왕복 8회의 교류가 있었는데 그중 야마또정권은 3회에 걸쳐 임나에 사자를 파견한 반면 임나는 5회에 걸쳐 야마또정권에 사자를 파견한 것으로 씌어 있다.

한편 백제와의 교류를 살펴보면, 왕복 39회에 걸쳐 사자를 교환하고 있는데 야마또정권은 15회에 걸쳐 백제에 사자를 파견하거나 군사원조를 제공한 반면 백제는 24회에 걸쳐 야마또정권에 선진문물을 제공하거나 사자를 파견하고 있다. 중국과는 전혀 교류가 없었다. 따라서 야마또정권과 백제의 관계는 임나나 고구려·신라와는 비교도 할 수 없을 만큼 긴밀했다고 볼 수 있다.

당시 야마또정권과 한반도 각국의 교류를 표로 정리하면 다음과 같다.

한반도 각국과 일본의 사절 교환(507~62)		
	일본에 보낸 사절	일본이 보낸 사절
백 제	24	15
임 나	5	3
신 라	2	0
고 구 려	2	0
중 국	0	0

6세기 한반도 각국과 일본과의 교류

『일본서기』에 보이는 야마또정권과 한반도 각국의 인적·
물적 교류가 전부 역사적 사실을 그대로 반영한다고 보진
않는다. 그러나 그 빈도는 적어도 그 관계의 얕고 깊음은 보
여준다고 할 수 있다. 교류가 많은 것으로 기록된 나라가 적
었던 나라보다는 그 관계가 깊었다고 할 수 있다는 말이다.
그렇다면 적어도 스에마쯔가 근거로 삼고 있는『일본서기』
에 의거하는 한, 야마또정권과 한반도 각국의 관계는 과거
스에마쯔설로 대표되던 통설처럼 임나와의 관계를 중심으
로 전개된 것이 아니라 오히려 백제와의 관계를 중심으로
전개되었다고 할 수 있다. 야마또정권과 신라나 고구려의 교
류는 각각 왕복 2회에 그쳤고, 임나와의 교류도 왕복 8회에
그친 반면 백제와는 왕복 39회에 이르고 있어 큰 차이를 보
여주기 때문이다. 뿐만 아니라 백제와의 교류는 그 내용도

대부분 우호적인 관계로 기록되어 있다. 따라서 스에마쯔가 근거로 삼는 『일본서기』에 의하는 한 적어도 야마또정권이 임나를 근거지로 백제와 신라를 간접 지배했다는 설은 성립될 수 없을 것이다. 제1기 한일역사공동위원회 회의 때 위와 같은 내용으로 발표를 하자 일본 측 대표 S씨가 다음과 같은 반론을 제기했다.

"야마또정권의 임나와의 인적·물적 교류가 백제와의 교류에 비해 아주 미미한 것은 임나가 야마또정권의 직할지(미야께, 屯倉)이거나 임나에는 직접 책임자를 주둔시키고 있었기 때문이 아니냐"는 것이었다

그러나 『일본서기』에는 야마또정권이 임나에 직접 의사를 전달한 예가 거의 없을 뿐만 아니라 그 의사도 대부분 백제를 통해서 전달하고 있는 것으로 씌어 있다고 말하자 아무 말이 없었다.

대표적인 몇가지 예를 제시하면 다음과 같다.

1) 541년 4월. 안라의 차한기 이탄해(次旱岐夷呑奚), 대불손(大不孫), 구취유리(久取柔利) 등과 가야의 상수위 고전해(上首位古殿奚), 졸마한기(卒麻旱岐), 산반해한기(散半奚

루岐)의 아들, 다라하한기 이타(多羅下旱岐夷他), 사이기한기(斯二岐旱岐)의 아들, 자타한기(子他旱岐)와 임나일본부의 키비노오미(吉備臣)가 백제에 가서 같이 칙서를 들었다. 백제의 성명왕이 임나의 한기들에게 "일본천황이 조서로 알린 바는 오로지 임나를 재건하라는 것이다. 지금 어떤 계책으로 임나를 재건할 것인가"(킴메이천황 2년 4월조).

2) 543년 11월. 쯔모리노무라지(津守連)를 보내 백제에 명령하여 "임나의 하한에 있는 백제의 군령, 성주를 일본부에 귀속하라"고 하였다. 아울러 조서를 가지고 가게 하여 "그대는 누차 표를 올려 마땅히 임나를 세워야 한다고 말한 지 10여년이 되었다. 말은 그렇지만 아직도 이루지 못하였다. 임나는 그대 나라의 동량이다. 만일 동량이 부러지면 어떻게 집을 지을 것인가. 짐이 생각하는 바 바로 여기에 있다. 그대는 빨리 세우라"(킴메이천황 4년 11월조).

3) 544년 2월. 백제가 시덕마무(施德馬武), 시덕고분옥(施德高分屋), 시덕사나노차주(施德斯那奴次酒) 등을 임나에 사신으로 보내, 일본부와 임나의 한기 등에게 "나는 키노오미 나솔미마사(紀臣奈率彌麻沙), 나솔코렌(奈率己連), 모노노베노무라지 나솔요가따(物部連奈率用奇多)를 보내

천황에게 알현하게 하였다. 미마사 등은 일본에서 돌아와서 조서를 가지고 '그대들은 거기에 있는 일본부와 같이 빨리 좋은 계획을 세워 짐의 소망을 이루게 하라. 잘 하여라. 다른 사람에게 속지 말라'"고 말하였다(킴메이천황 5년 2월조).

4) 544년 11월. 일본의 키비노오미(吉備臣), 안라의 하한기 대불손(下旱岐大不孫)·구취유리(久取柔利)·가야상수위 고전해(上首位古殿奚)·졸마군(卒麻君)·사이기군(斯二岐君)·산반해군(散半奚君)의 아들, 다라이수위 허건지(多羅二首位訖乾智), 자타한기(子他旱岐), 구차한기(久嗟旱岐)가 백제에 갔다. 이에 백제의 성명왕이 조서를 대략 보이고, "나는 나솔미마사(奈率彌麻佐)·나솔코렌(奈率己連)·나솔요가따(奈率用奇多) 등을 보내 일본에 가게 하였다. 천황께서 조칙으로 '빨리 임나를 세우라'고 말씀하셨다. 또, 쯔모리노무라지(津守連)가 칙언을 받들고 임나를 세웠는가를 물었다. 고로, 모두를 부른 것이다. 어떻게 하면 다시 임나를 세울 수가 있을까. 각각 계책을 말하라"라고 하였다(킴메이천황 5년 11월조).

위 내용을 보면 야마또정권은 임나에 대한 의사를 전부

백제를 통해서 전달하고 있다. 그 내용의 사실성 여부는 차치하고 『일본서기』에 임나 문제에 대해 야마또정권이 임나에 직접 의사를 전달하는 기록은 거의 없고, 하나같이 백제를 통해서만 의사를 전달한다는 것은 임나 문제에 대해 야마또정권은 단순히 백제를 지원하는 위치에 지나지 않았음을 의미한다. 이것은 야마또정권이 한반도에 파견한 군대의 성격을 통해서도 확인된다.

왜는 한반도 문제와 관련해서 전후 5회에 걸쳐서 원군 내지는 인부를 보낸 것으로 씌어 있다.

그 사례는 다음과 같다.

1) 514년 2월, 백제 사자 문귀장군(文貴將軍) 등이 귀국하려고 청하였다. 조칙을 내려 모노노베노무라지(物部連)를 딸려 돌려보냈다.

이달, 사도도(沙都嶋)에 이르러 소문에 반파(伴破, 성산가야)[23]인이 원한을 품고, 강한 것을 믿고 포악한 일을 마음대로 한다고 들었다. 그래서 모노노베노무라지가 수군

---

23 성산가야와 고령가야의 두가지 설이 있다. 그러나 고령가야는 당시 백제의 영향 하에 있었다. 따라서 백제와 대립관계에 있는 것으로 보이는 반파는 고령가야가 아니라 성산가야라고 생각한다.

500명을 거느리고 대사강(帶沙江, 낙동강)[24]으로 직행하였다. 문귀장군은 신라를 경유하여 귀국하였다.

4월, 모노노베노무라지가 대사강에 머무른 지 6일, 반파가 군사를 일으켜 공격하였다. 옷을 벗기고 물건을 빼앗았으며 장막을 모두 태웠다. 모노노베노무라지 등은 두려워 도망하였다. 근근이 생명을 보존하여 문모라(汶慕羅, 섬이름)에 도망하였다(케이따이천황 9년조).

2) 537년 10월, 신라가 임나를 침탈한 까닭으로 천황이 오오또모노 카나무라오무라지(大伴金村大連)에게 명하여 그 아들 이와(磐)와 사떼히꼬(狹手彦)를 보내 임나를 도와주게 하였다. 이때에 이와는 쯔꾸시(筑紫, 지금의 후꾸오까)에 머무르며 그 나라를 다스려 삼한에 대비하였다. 사떼히꼬는 임나에 가서 진주하고 또 백제를 구원하였다(셍까천황宣化天皇 2년 10월조).

3) 548년 10월, 370명을 백제에 보내어 득이신(得爾辛)에 성을 쌓는 것을 도왔다(킴메이천황 9년 10월조).

---

24 낙동강과 섬진강 두가지 설이 있다. 그러나 신라와 가까운 것을 보면 섬진강이 될 수는 없다.

4) 554년 정월, 백제가 (…) "보내줄 군대를 정월에 도착하도록 해주시기 바랍니다"라고 하였다. (…) 우찌노오미(內臣)가 "바로 도와줄 군대 1000명, 말 100필, 배 40척을 보내주도록 하겠다"고 대답하였다. (…) 5월, 우찌노오미가 수군을 거느리고 백제에 나아갔다(킴메이천황 15년조).

5) 556년 정월, 백제의 왕자 혜(惠)가 돌아가기를 청하였다. 이에 병기와 좋은 말을 아주 많이 주었다. 또한, 빈번히 상으로 물품을 내려주었다. 여러 사람들이 부러워하고 찬탄하는 바가 되었다. 이에 아베노오미(阿倍臣)·사에끼노무라지(佐伯連)·하리마노아따히(播磨直)를 보내어 쯔꾸시국(筑紫國)의 수군을 이끌고 그 나라에 도착할 때까지 호위하여 보내주었다. 별도로 쯔꾸시노 히노끼미(筑紫火君)를 보내어 용감한 군사 1000명을 이끌고 미뗴(彌, 나루터 이름)까지 호위하였다. 이에 뱃길의 요충지를 지키게 하였다(킴메이천황 17년 정월조).

야마또정권은 전후 5회에 걸쳐 한반도에 원군 내지는 인부들을 파견하고 있는데 그 특징은 전부 백제를 위해 파견했다는 것이다. 특히 2)에서도 알 수 있듯이 537년 신라의 임나 침입을 저지하기 위해 파견한 군대도 최종적으로는 백제

낙동강과 반파(성산가야)

를 위해 일하고 있다. 이때 오오또모노 카나무라오무라지(大伴金村大連)의 명으로 파견되었던 일라(日羅)는 46년간이나 백제에서 관료로 근무하다가 586년에야 귀국했다(비다쯔천황 敏達天皇 12년 시세조).

한편 1)의 내용에서 알 수 있듯이 야마또정권은 백제와 임나의 일국인 반파와의 분쟁 시에도 언제나 반파가 아니라 백제를 지원하고 있다.

스에마쯔를 비롯한 일본 학자들은 『일본서기』를 근거로 야마또정권과 한반도 각국과의 관계가 임나와의 관계를 중심으로 전개되었다고 주장해왔다. 그러나 바로 그『일본서기』에 의하는 한, 야마또정권과 한반도 각국의 관계는 임나가 아니라 백제와의 관계를 중심으로 전개되었음을 알 수 있다. 그리고 임나 문제에 대해서도 야마또정권이 직접 임나와 관계를 맺은 흔적은 거의 없고 오히려 백제를 도와주는 입장에 있었던 것으로 씌어 있다. 이런 사실은『일본서기』에 보이는 임나와의 관계에서의 근간이 되는 내용들에 관한 검토 결과와도 일치한다.

2. 백제와 야마또정권의 관계의 실상은?

야마또정권의 한반도 각국과의 관계가 백제와의 관계를 중심으로 전개되었고 임나 문제에 대해서도 야마또정권은 백제를 도와주는 입장에 지나지 않았다면, 당시 야마또정권과 백제는 어떤 관계에 있었는가?

당시 한반도에서는 백제, 고구려, 신라 3국이 치열하게 싸우고 있었다. 그래서 3국은 서로 야마또정권을 자기쪽으로 끌어들이기 위해 노력하고 있었다. 한편 고대국가로 발전하고 있던 야마또정권은 한반도 3국이나 중국이 한반도에 설치했던 대방을 통해 선진문물을 도입하고 있었다. 그러나 고구려가 낙랑(313), 대방(314)을 잇따라 멸망시키자 왜는 대중국통로가 차단되어 선진문물의 도입을 전적으로 한반도 3국에 의존할 수밖에 없게 되었다.

당시 동아시아의 문화중심은 중국 남조였다. 한반도 3국 중에서 가장 활발하게 남조와 교류하던 나라는, 지정학적으

남조의 기법이 도입된 무령왕릉 내부

로 가까웠던 백제였다. 고구려는 북조와 인접해 있었기 때문에 남조와의 교류가 용이하지 않았고, 신라는 한반도 동남부에 자리잡고 있어 백제를 통하지 않고서는 남조와 교류할 수 없었다. 백제는 서해를 사이에 두고 남조와 마주보고 있었기 때문에 남조와의 교류가 용이했다. 1971년에 충남 공주에서 발굴된 무령왕릉은 백제의 남조와의 활발한 교류와 백제문화의 선진성을 잘 보여준다. 무령왕릉의 축조법은 당시 남조의 기법이 도입된 것으로 고구려나 신라보다 문화수준이 뛰어났음을 보여준다. 따라서 당시 왜는 한반도 3국 중에서 백제를 파트너로 삼아 백제로부터 선진문물을 도입할 수밖에 없었다.

예를 들면 541년 백제는 남조에서 오경박사(五經博士)를 초빙하고 불경 등을 도입했다. 그 직후 백제는 남조에서 도입한 것으로 여겨지는 유교와 불교 경전 등을 야마또정권에 제공한다.[25] 당시 백제가 남조에서 도입한 선진문물을 왜에 전해주던 씨스템이 존재했음을 단적으로 보여주는 사례다.

그런데 『일본서기』에는 507년에서 562년 사이에 백제가

---

25 『신찬성씨록』 '좌경제번左京諸蕃 하下 화약사주조和藥使主조'에는 셍까천황(재위 536~39) 때에 유교와 불교의 경전을 야마또정권에 전한 것으로 되어 있으나 실제로는 킴메이천황(재위 540~71) 때에 제공한 것으로 밝혀졌다.

야마또정권에 파견한 24회의 사자 중에서 백제의 요구가 명확히 적시되어 있는 경우는 14회라고 되어 있다. 그중에서 임나에 관한 내용은 5회이고 나머지 9회는 전부 원군이나 군수물자를 요청하는 내용이다. 따라서 당시 야마또정권과의 관계에서 백제가 일관되게 추구하던 것은 군사원조였다고 볼 수 있다.

한편 백제의 군원 요청에 대해 야마또정권은 9회에 걸쳐 원군이나 말, 배, 활과 화살, 식량 등의 군원을 제공하고 있다. 그리고 9회에 걸친 야마또정권의 군원에 대해 백제는, '조(調, 조세)'라고만 씌어 있어 그 내용을 알 수 없는 경우를 제외하고는 마찬가지로 9회에 걸쳐 오경박사를 중심으로 학자나 전문지식인, 승려·불경·깃발 등의 불교 관련 문물을 보내고 있다. 백제가 보낸 전문지식인과 선진문물 제공이 야마또정권의 요청과 무관하지 않다면 야마또정권은 9회에 걸쳐 군원을 제공하고 그때마다 백제로부터 전문지식인과 선진문물을 제공받았던 셈이다.

야마또정권의 군원 제공이 백제로부터 전문지식인과 선진문물을 얻기 위한 것이었음은 왜가 15회에 걸쳐 백제에 파견한 사자가 분명하게 요구한 것이 전부 선진문물이나 오경박사 등이었다는 사실로도 입증된다. 결국 이는 당시 야마또정권이 백제와의 관계에서 일관되게 추구한 것이 전문인이나 선진문물의 획득이었음을 의미한다.

당시 두나라의 관계를 보면, 백제는 야마또정권에 선진문물을 제공하고 야마또정권은 백제에 군원을 제공하는 관계였다고 할 수 있다. 따라서 무엇인가 댓가를 받고 보낸 원군을 넓은 의미에서 용병이라고 할 수 있다면 515년 반파와의 분쟁 시에 제공한 모노노베노무라지가 인솔한 수군 500명, 537년 신라의 금관가야 통합 시에 사떼히꼬가 인솔한 군대, 548년 대고구려전이 끝난 직후에 파견된 축성인부 370명, 554년 신라와의 관산성(管山城)싸움 때에 파견한 1000명, 그리고 555년 구원을 청하러 도일했던 백제 왕자 혜의 귀국 시보낸 호송병 1000명 등은 넓은 의미에서 백제에 제공한 용병이라고 할 수 있지 않을까. 그렇다면 당시 야마또정권과 백제와의 관계는 넓은 의미에서 용병관계였다고 정의할 수 있을 것이다. 10여년 전 지방에서 열린 한 심포지엄에서 백제와 야마또정권의 관계가 용병관계였다는 발표를 하자 그 지역 박물관장으로 계시는 S씨가 불쾌한 표정으로 "당시 왜는 백제의 속국이었는데 그렇게 말할 수 있느냐"고 반론을 제기했다. 그래서 왜가 백제의 속국이었다는 증거를 대시면 답을 드리겠다고 하자 "취소하겠습니다"하며 자리에 앉는 해프닝도 있었다.

한편 야마또정권이 백제에 제공한 5회의 원군 중에서 숫

	야마또정권의 군사원조	백제의 댓가
임나·고구려와의 분쟁 (케이따이천황조)	512년 4월 말 40필 515년 2월 군 500명	512년 ○월 진기한 보물 512년 12월 진기한 보물 513년 6월 오경박사 단양이 516년 의복, 철, 면포, 토산물 516년 9월 오경박사 고안무
신라의 금관가야 통합에 따른 긴장 (앙깐천황·셍까천황조)	537년 10월 오오또모노 사떼히꼬(大伴狹手彦)의 원군	531년 5월 오경박사 마정안
신라의 대임나세력 확장 (킴메이천황 2년 4월~7년 6월조)	545년 3월 카시와데노 하즈히(膳臣巴提便)의 원군 546년 정월 양마 70필, 선 10척	543년 9월 부남재물, 종 2명 544년 3월 학자 문휴마나 546년 6월 조(조세)
대고구려전 (킴메이천황 8년 4월~12년 3월조)	548년 10월 축성인부 370명 550년 3월 화살 30구 551년 ○월 오오또모노 사떼히꼬(大伴狹手彦)의 원군 551년 3월 맥종 1000곡	547년 4월 학자 동성자언 550년 4월 고구려 포로 6인 550년 4월 고구려 포로 10인 551년 ○월 내외전·약서·명당도 등 160권, 불상 1구

대신라전 (킴메이천황 13년 5월~17년 정월조)	553년 6월 양마 2필, 선 2척, 궁 50장, 전 50구 554년 5월 군 1000명, 말 200필, 배 40척 556년 정월 병장과 양마 다수, 위송군 1000명	552년 10월 석가불 금동상 1구·깃발 약간·경론 약간권 554년 2월 학자 동성자막고·오경박사 왕유귀·승 담혜등구인·역박사 시덕왕도량·역박사 고덕왕보손·의박사 내솔왕유능타·채약사 시덕반량풍·고덕 정유타·악인 시덕삼근·계덕 기마차 554년 12월 비단 2필 등

백제와 야마또정권의 교류 실상

자가 확실히 명기되어 있는 경우가 3회다. 그중에서도 대고구려전이 끝난 직후 파견된 축성인부 370명을 제외하면 실질적으로는 원군의 숫자를 확실히 알 수 있는 경우는 515년 반파와의 분쟁 시에 제공한 수군 500명과 554년 관산성싸움 때에 제공한 1000명, 그리고 556년 왕자 혜의 호송병 1000명 등 3회뿐이다.

그런데 백제의 대외전쟁 중 가장 치열했던 싸움이 성왕이 전사한 554년 신라와의 관산성싸움이다.『일본서기』의 기록을 보면 당시 백제는 야마또정권에 원군을 요청하는 사절을 연달아 5회나 파견하고 있다. 그때 야마또정권이 백제에 제공한 군사가 1000명에 지나지 않았다는 사실은 주목할 만하다. 이 숫자는 『일본서기』에 기재된 원군의 숫자 중에서 가장 신뢰할 수 있는 것이라고 생각한다. 그리고 『삼국사기』에도 한반도에 침입한 왜의 숫자가 명기된 내용 중에서 1000명을 넘는 경우는 없다. 그렇다면 당시 야마또정권이 백제에 제공한 용병의 규모는 1000명을 크게 상회하지는 않았다고 할 수 있다.

한편 백제의 입장에서는 당시 고구려·신라·임나 등과의 분쟁 시에 국력으로 보아 임나와의 분쟁이 가장 부담이 적었으리라 본다. 그런데 가야제국 중 반파(伴跛)와의 분쟁 시 야마또정권이 백제에 보낸 군사가 수군 500명이다. 그렇다면 야마또정권이 백제에 제공한 용병의 최소 규모는 500인을 크게 하회하지는 않았을 것이다. 따라서 당시 야마또정권과 백제 사이의 용병 규모는 500명에서 1000명 정도에 지나지 않았다고 보아도 무방하지 않을까 생각한다.

당시 야마또정권이 백제에 제공한 군사의 규모가 500명에서 1000명을 넘지 않았다면 그 규모 면에서도 야마또정권이 한반도에서 주체적으로 독자적인 작전을 수행하기는 어려웠다고 생각한다. 백제의 요청에 응한 원군이라는 점에서도 독자적으로 작전을 수행하기 위해 군대를 파견했다고 보기는 어려울 것이다. 이런 면에서도 야마또정권이 백제에 보낸 군대는 소위 한반도 남부경영을 위해서라기보다는 백제를 지원하기 위한 군대였다고 보는 것이 타당하지 않을까 싶다.

『일본서기』 544년 기록에서 "신라와 안라와의 양국 접경에 큰 강이 있어 중요한 땅이라고 한다. 나는 여기에 의거하여 6성을 쌓으려고 한다. 천황에게 3000병사를 청하여 성마다 500명씩 두고, 아울러 우리 병사로 충당하여 신라가 경작하지 못하게 괴롭히면 (…) 청하는 병사는 내가 의복과 식량을 댈 것이다"(킴메이천황 5년 11월조)라는 내용을 보더라도 야마또정권이 보낸 군대가 백제를 지원하는 성격을 띠고 있었음을 잘 알 수 있다.

적어도 『일본서기』에 의한다면 케이따이천황(재위 507~31)이 등장하는 507년에서 임나가 멸망하는 562년 사이의 야마또정권과 한반도 각국과의 관계는 일본 학계가 주장하는 것처럼 임나와의 관계를 중심으로 전개된 것이 아니라 백제와의 관계를 중심으로 전개되었고 백제와의 관계는 특수한 용병관계였음을 알 수 있다.

3. 백제는 어째서 야마또정권의 원군을 필요로 했는가

당시 야마또정권이 지원한 군대가 500명에서 1000명에 불과했다면 백제에 큰 도움이 될 수 있는 수는 아니었다. 이런 면에서도 「광개토대왕비문」에 보이는 왜의 세력이 과장되었음을 알 수 있다.

그럼에도 불구하고 백제는 어째서 야마또정권으로부터 군대를 빌리려 애썼는가

당시 한반도 북방에서는 고구려가 남하정책을 취하고 있어서 백제는 신라와 나제동맹을 맺어 대항하고 있었다. 한편, 남방에서는 가야지역을 둘러싸고 신라와 서로 각축을 벌이고 있었다. 그런데 고구려의 주 타겟은 신라보다는 백제였다. 따라서 백제로서는 대고구려전에서 신라와 동맹관계를 유지하기 위해 가능한 한 남방 가야지역에서 신라와 직접적인 충돌을 피하지 않으면 안될 처지에 있었다.

그런데 앞서 『일본서기』의 기록에서 보았듯이 544년 야마또정권으로부터 제공받은 원군에 대한 백제 성왕의 배치계

획을 보면 당시 백제는 야마또정권이 파견한 군대를 임나와 신라 사이에 배치하려는 계획을 세우고 있었다.

한편, 당시 한반도에서 건너가 야마또정권의 유력한 호족으로 성장한 모노노베노무라지(物部連), 키노오미(紀臣), 시나노(科野), 코세노오미(巨勢臣), 호즈미노오미(穗積臣) 등의 자제들이 백제에 와서 관료로 근무하고 있었다. 그중에는 백제 5방(方) 중 하나인 동방의 영(領)[26]이었던 모노노베노 마가무노무라지(物部莫奇武連), 영산강 동안인 차리(哆唎)의 지방장관이던 호즈미노오미 오시야마(穗積臣押山) 등 지방장관으로 일하던 사람들도 적지 않았다. 그런데 『일본서기』 554년 3월 기록의 「백제본기」에 우리가 이끼미(印支彌)를 머무르게 한 후, 코세노오미(巨勢臣=旣酒臣) 때에 이르러"(킴메이천황 5년 3월조)라는 백제 성왕의 말이라든가, 544년 11월 기록의 "무릇 이끼미(印岐彌)를 임나에 보낸 것은 본시 임나를 침해하기 위한 것이 아니다"(킴메이천황 5년 11월조)라는 성왕과 임나의 한기들과의 대화에서도 알 수 있듯이 백제는 키비노오미, 코세노오미, 이끼미 등 적지 않은 왜계(倭系) 백제관료들을 임나지역에 배치하고 있었다.

다시 말해 임나지역에 배치된 왜계 백제관료들은 가야와

---

26 당시 백제에는 동·서·남·북·중 등 5방이 있었고 방의 책임자를 영(領)이라고 불렀다. 동방은 온양을 일컫는다.

신라의 접경지역에 배치되어 지휘관으로서 본국에서 보낸 군사들을 거느리고 신라의 침입을 저지하는 역할을 담당하고 있었다. 이를 좀더 구체적으로 명시한 대목이 있다. 『일본서기』 554년 12월 기록에서 "이에 천황께서 우찌노오미(有至臣)를 보내시니 군사를 거느리고 6월에 왔다. (…) 신라를 공격하러 보냈다. 신이 먼저 동방령인 모노노베노 마가무노무라지(物部莫奇武連)를 보내 자기 방(方)의 군사를 거느리고 관산성을 공격하도록 하였다. 우찌노오미가 데리고 온 백성 쯔꾸시노 모노노베노 마가와사까(竹斯物部莫奇委沙奇)가 불화살을 잘 쏘았다"(킴메이천황 15년[554] 12월조)라는 내용이 바로 그 대표적 사례다. 일본에서 온 원군을 동방령 모노노베노 마가무노무라지가 지휘하고 있는 모습에서 왜의 역할이 좀더 분명해짐을 알 수 있다.

당시 백제는 야마또정권으로부터 지원받은 군사를 임나와 신라의 접경지역에 배치하고 있었다. 그리고 그 지휘관으로는 왜계 백제관료 등을 배치하고 있었다. 신라와의 직접적인 충돌을 피하기 위해서는 마치 오늘날 미군을 남북이 대치하는 휴전선에 배치하고 있는 것처럼, 그 수는 많지 않지만 신라와의 접경인 임나지역에 야마또정권으로부터 제공받은 군대나 왜계 지휘관을 배치하는 것이 유리하다고 생각했기 때문이 아닌가 생각한다.

제6장

일본열도에서 온 왜는 어떤 존재였는가

1.「광개토대왕비문」에 보이는 왜

『일본서기』에 보이는 임나경영은 야마또정권이 아니라 목씨가 중심이 된 백제의 임나경영이다. 그리고 일본열도에서 온 왜는 백제에서 선진문물을 도입하고 그 댓가로 백제를 지원하기 위해 파견된 군대였다고 할 수 있다.

그런데 일본열도에서 온 왜가 한반도 남부에서 활동했다는 사실은 『일본서기』뿐만 아니라 「광개토대왕비문」이나 『삼국사기』, 중국의 『송서』 왜국전 등에도 보인다. 따라서 야마또정권의 임나경영을 주장하는 사람들은 「광개토대왕비문」·『삼국사기』·『송서』 등을 그 증거로 삼는다. 그러나 일반적으로 한국 학계에서는 『삼국사기』에 보이는 왜는 왜구의 범주를 벗어나지 못하고, 「광개토대왕비문」에 보이는 왜는 과장되어 있으며, 『송서』에 보이는 왜에 관한 내용은 사실과는 거리가 멀다고 생각한다. 그러므로 『송서』나 『삼국사기』, 「광개토대왕비문」 등은 야마또정권의 임나경영을 입증할 수 있는 증거가 될 수 없다는 것이다.

그렇다면 「광개토대왕비문」 『삼국사기』 『송서』 등에 보이는 왜의 실체는 과연 무엇이며 그들은 『일본서기』에 보이는 백제의 임나경영과는 어떤 관계에 있었는가

「광개토대왕비문」 『삼국사기』 『송서』 중에서도 「광개토대왕비문」은 장수왕이 부 광개토왕의 훈적을 기리기 위해 그 사후 2년 뒤인 414년 당시 수도였던 국내성(현재 중국 지린성 지안현, 압록강 북쪽) 내의 국강상(國岡上)에 세운 비석에 새겨져 있는 내용이다. 앞서 설명했듯이 「광개토대왕비문」은 당시의 기록일 뿐만 아니라 돌에 새겨져 있어 쉽게 조작할 수도 없으므로 그 내용은 대단히 신빙성이 높다고 일컬어진다. 그러나 일부 내용은 조작설이 제기되거나 그 해석을 둘러싸고 논란이 계속되고 있어 임나문제를 입증하는 증거로 삼기 어렵다. 예를 들면 재일사학자 이진희(李進熙)씨를 비롯한 한국 학계는 「광개토대왕비문」 신묘년(391)조의 "백잔신라구시속민유래조공, 이왜이신묘년래도해파백잔□□□라이위

신민(百殘新羅舊是屬民由來朝貢, 而倭以辛卯年來渡海破百殘□□□羅
以爲臣民)"이라는 내용이 1882년 만주를 여행하던 일본군 참
모본부의 정탐 사까와 카게노부(酒匂景信) 중위에 의해 일부
가 변조되었으므로 그 내용을 신뢰할 수 없다고 주장해왔다.

그 조작설을 인정하지 않는다고 해도 논란은 여전하다.
예를 들어 "백제와 신라가 옛날부터 (고구려의) 속민으로
조공을 받쳐왔는데, 왜가 신묘년에 바다를 건너와서 백제·
신라·임나를 파하여 신민으로 삼았다"라고 해석하는 일본
측 주장과 "백제와 신라가 옛날부터 (고구려의) 속민으로
조공을 받쳐왔는데, 왜가 신묘년에 왔으므로 (고구려가) 바
다를 건너가서 백제·신라·임나를 파하여 신민으로 삼았다"
라는 한국 측의 상반된 주장이 서로 맞서고 있기 때문이다.
이외에도 입장에 따라 각양각색의 해석이 가능하다. 따라서
현 단계에서는 신묘년조처럼 논란이 계속되는 부분을 가지
고 임나문제를 입증하는 증거로 사용하기는 어렵다. 거꾸로
임나문제가 분명해지면 이를 바탕으로 신묘년조 등 논란이
되는 부분의 올바른 해석이 가능해지지 않을까 생각한다. 이
런 면에서는 서로 상반된 해석을 하고 있는 칠지도(七支刀)
의 명문(銘文)도 마찬가지다.

일본 나라현(奈良縣)에 있는 이소노가미 신궁(石上神宮)에
는 칼날 양쪽에 작은 칼날이 각각 3개씩 더 붙어 있는 철제

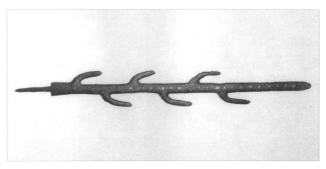

칠지도

의 소위 칠지도(七支刀)가 전해 내려온다. 이 칠지도 몸체 안팎에 상감되어 있는 명문 내용의 해석에 대해서도 한국 학계에서는 당시 백제가 일본보다 우위에 있었음을 보여준다고 해석하는가 하면 일본 학계에서는 그와는 반대로 해석한다.

그러나 「광개토대왕비문」의 400년과 404년 기록 중 왜가 고구려와 싸웠다는 내용은 해석이나 내용의 조작여부에 대해 전혀 이견이 없다. 따라서 『일본서기』에 보이는 백제의 임나경영은 「광개토대왕비문」 400년, 404년 기록과 모순이 없어야 비로소 객관성이 있다고 할 수 있을 것이다.

「광개토대왕비문」 400년과 404년 기록에는 왜가 한반도를 북상하여 고구려와 싸운 것으로 씌어 있다. 전술했듯이 400년 기록에는 "대왕은 보병과 기병 5만을 보내어 신라를 구원케 하였다. 남거성(男居城)부터 신라성까지 왜가 그 사

광개토대왕비문에 보이는 사건과 그 연대	
396년	백제왕이 광개토왕에게 '노객(奴客)'이 될 것을 맹세
397년	백제가 왕자 전지를 왜에 인질로 파견(삼국사기, 일본서기)
399년	백제가 맹세를 어기고 왜와 '화통'
400년	고구려군이 왜를 '임나가야'(백제의 임나경영 근거지)의 종발성까지 추격
404년	백제와 화통한 왜가 '대방계'까지 침입

광개토대왕비문에 보이는 중요 사건

이에 가득 차 있었다. 관군이 바야흐로 이르자 왜적이 물러가므로, 뒤를 타고 급히 추격하여 '임나가야(任那加羅)'의 종발성(從拔城)에 이르렀다"(영락 10년조)라고 씌어 있어 당시 고구려군이 왜를 추격하여 '임나가야'에 이르렀음을 알 수 있다. 그리고 404년 기록에는 "왜가 법도를 지키지 않고 대방계를 침입하였다. 왕께서 친히 군사를 이끌고 가서 토벌하여"(영락 14년조)라고 씌어 있어 왜가 '대방계(帶方界, 현재의 황해도)'까지 북상하여 고구려와 싸웠음을 알 수 있다. 광개토왕의 훈적을 강조하다보니 비문에 보이는 왜의 세력이 상당히 과장되었음은 한일 학계가 다같이 인정하는 바다. 『일본서기』나 『삼국사기』에도 왜가 1000명을 넘는 경우는 없다.

전술했듯이 왜가 대방계까지 올라가기 위해서는 지리적으로 가야와 백제지역을 통과하지 않으면 안된다. 이 경우

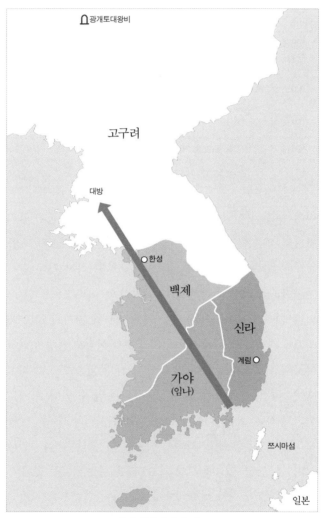

왜의 대방계까지 진로

왜가 한반도 내륙이 아니라 바다를 통해 대방계까지 진출했다고 생각하는 사람들도 있다. 그러나 400년 고구려군이 '왜를 급히 추격하여 임나가야의 종발성에 이르렀다'는 내용에서도 알 수 있듯이 당시 왜가 '임나가야'를 대고구려전의 근거지로 삼았던 것으로 보이므로 왜는 대방계까지 올라갈 때도 '임나가야' 즉 내륙을 통과한 것으로 여겨진다. 『삼국사기』 등에서도 당시 왜가 한반도 남부지역에서 활약하는 모습을 확인할 수 있으므로 왜가 한반도 내륙을 통과해서 대방계까지 올라갔다고 보는 것이 타당하다. 그렇다면 '대방계'까지 올라가서 고구려와 싸운 왜는 어떤 형태가 됐건 백제·가야의 도움을 받지 않을 수 없었다고 생각한다. 다시 말하면 대방계에서 고구려와 싸운 세력은 왜로 표현되어 있지만 실질적으로는 백제·가야·왜 3국이 연합한 세력이었다는 것이다.

「광개토대왕비문」에는 고구려와 싸운 3국연합의 주체가 왜인 것처럼 되어 있다

고구려와 싸운 주체를 왜로 볼 경우에는 우선 왜가 현해탄을 건너고 가야와 백제를 건너뛰어 고구려와 싸워야 할 이유나 목적을 찾기 어렵다. 또한 왜를 주체로 보는 경우에는 지리적으로 보아 적어도 404년 이전에 왜가 가야와 백제를 그 영향 하에 넣고 있지 않으면 안된다. 왜가 대방계까지 올라가서 고구려와 싸우기 위해서는 가야와 백제를 통과하지 않으면 안되기 때문이다. 이에 대해 과거 일본 학자들은 징구우황후 369년 기록 중 "가야7국을 평정하고 백제를 서번으로 삼고, 신라를 격파하였다"는 내용을 404년 이전에 왜가 가야와 백제를 그 영향 하에 넣고 있었다는 주장의 근거로 삼았다. 그러나 앞의 제2장 2절을 통해 369년에 가야7국을 평정한 것은 백제이고 일본이 백제를 서번으로 삼았다는 내용은 사실이 아님을 밝혔다. 이런 면에서 징구우황후조를 근거로 404년 이전에 야마또정권이 가야와 백제를 그 영향 하에 두고 있었다고는 볼 수 없다. 결국 404년 이전에 왜가 가야와 백제를 그 영향 하에 두었다는 신뢰할 만한 증거는 어디에도 없다. 『삼국사기』를 보면 왜가 가야를 영향 하에 두었다고 볼 수 있는 여지가 없지는 않다. 그러나 백제를 영향 하에 두었다는 증거는 어디에도 없다. 결국 당시 한반도 남부의 상황이나 대고구려전의 목적을 볼 때 고구려와 싸운 3국연합의 주체가 왜일 수는 없다.

왜가 주체가 될 수 없다고 해서 가야가 주체였다고 보이지도 않는다. 당시 자체 통합도 이루지 못한 가야는 백제를 건너뛰어 고구려와 싸워야 할 이유도 능력도 없었기 때문이다. 더욱이 가야가 주체가 되기 위해서는 백제를 영향 하에 두고 왜까지 끌어들였어야 하는데 그것은 상상할 수도 없는 일이다. 가야는 멸망 시에도 한국 기록에는 6개국,『일본서기』에는 10개국으로 나뉘어 있었기 때문이다.

왜나 가야가 고구려와 싸운 3국연합의 주체가 될 수 없었다면 백제가 주체가 될 수밖에 없었을 것이다

먼저 백제는 고구려와 싸워야 할 이유가 있었다. 당시 백제는 매년 고구려와 사투를 벌이고 있었다.「광개토대왕비문」396년 기록 중 "대왕은 친히 군을 인솔하여 백제를 토벌하였다. (…) 아리수(阿利水, 한강)를 건너서 그 국성을 포위하자 백제왕은 곤핍하여 남녀 노예 1000명과 세포 1000필을 바치고 대왕 앞에 절하고 이후 영원히 노객(奴客, 복종하고 신속[臣屬]한다는 뜻)이 될 것을 맹세하였다"(영락 6년조)에서 알 수 있듯이 당시 백제왕은 고구려의 침략을 받아 그 노객이 될 것을 맹세하는 치욕을 당하는 등 고구려와 사투를 벌이는 와중이었다. 따라서 백제는 왜나 가야와는 달리 고구려와 싸워야 할 충분한 이유가 있었다.

3국연합의 주체를 백제라고 한다면, 백제가 먼저 왜를 끌어들여야 하고 또 왜를 대방계까지 진출시키기 위해서는 가야를 통과할 수 있도록 해야 한다.

따라서 백제가 어떻게 왜를 끌어들였으며 어떻게 가야를 통과하게 했는가 하는 의문이 제기된다

「광개토대왕비문」 399년 기록에는 "백잔(백제)이 맹서를 어기고 왜와 화통했다. 이에 왕이 평양으로 행차하여 내려갔다. 그때 신라왕이 사신을 보내어 아뢰기를 '왜인이 그 국경에 가득 차 성지를 부수고 노객으로 하여금 왜의 민으로 삼으려 하니 이에 왕께 귀의하여 구원을 요청합니다'"(영락 9년조)라고 씌어 있어서 백제가 왜와 화통하여 왜군을 끌어들였음을 알 수 있다. 400년 기록에도 "왕이 보병과 기병 도합 5만 명을 보내어 신라를 구원하게 하였다. 남거성을 거쳐 신라성에 이르니 그곳에 왜군이 가득하였다. 관군이 막 도착하니 왜적이 퇴각하였다. 그 뒤를 급히 추격하여 임나가야의 종발성에 이르니 성이 곧 항복하였다"라고 씌어 있어 백제가 왜를 끌어들인 것을 알 수 있다.

왜가 임나가야로 후퇴한 것으로 보아 임나가야가 왜의 근거지였다고 생각되는데 임나가야는 당시 백제가 임나를 경영하던 근거지였으므로 왜에 임나가야를 대고구려전의 근거지로 제공한 것은 백제라고 생각되기 때문이다. 404년 기록 "왜가 법도를 지키지 않고 대방경계까지 침입하였다. 백잔과 화통하고"를 봐도 대고구려전에 백제가 왜를 끌어들인 것을 알 수 있다.

그런데 백제왕이 396년 광개토왕에게 패하여 그 노객이 될 것을 맹서한 다음해인 397년 백제 아신왕(재위 392~404) 이 왕자 전지(腆支, 직지直支)를 왜에 인질로 보내 405년까지 머물게 한 것으로 되어 있다. 『일본서기』 397년 기록에는 "왕자 직지(전지)를 천조에 보내서 선왕대의 우호관계를 다졌다"고 씌어 있고, 『삼국사기』 397년 기록에도 "왕이 왜국과 우호관계를 맺고 태자 전지를 인질로 했다"고 씌어 있다. 왕자 전지가 왜에 머물고 있는 동안인 399년, 400년, 404년에 백제가 왜를 끌어들인 사실은 바로 앞에서 살펴본 것처럼 「광개토대왕비문」에 의해 확인된다. 따라서 백제가 왕자 전지를 왜에 파견한 것은 왜를 끌어들이기 위해서였음을 알 수 있다. 요컨대 396년 광개토왕에게 노객이 될 것을 맹서한 치욕을 씻기 위해 397년 왕자 전지를 인질로 보내서 400년을 전후한 대고구려전에 왜를 끌어들였다는 것이다.

인질이라는 것은 약속을 보장하는 담보라고 할 수 있다. 그렇다면 왕자 전지는 무엇을 보장하기 위해 인질이 되었는가?

전지가 무엇을 약속하는 담보였는가를 시사하는 내용이 『일본서기』 징구우황후조에 보인다. 징구우황후 366년 기록에는 처음으로 백제를 방문한 왜의 이파이(爾波移)에게 백제 근초고왕이 "오색 비단 각 1필, 뿔화살과 함께 쇳덩어리

40개를 주고 또 보물창고의 문을 열고 각종 진기한 물품을 보여주면서 '이런 진기한 보물이 우리나라에는 많이 있다. (…) 지금 사자로 하여금 바치려 한다'고 했다. 이파이는 가지고 돌아가서"(46년조)라는 내용이 있다. 근초고왕이 이파이에게 한 말은 이파이의 백제 방문목적과 무관하지 않다고 생각되는데, 그렇다면 근초고왕이 이파이에게 보여주었던 '오색 비단과 뿔화살, 그리고 철 등의 진보(珍寶)'야말로 당시 백제와의 관계를 통해 야마또정권의 지배층이 얻고자 했던 것들이 아니었는가 생각된다. 특히 철이야말로 고대국가로 발전하는 과정에 있던 왜가 대백제관계에서 가장 필요로 하던 선진문물이었을 것이다.

『삼국지』동이전 진한(辰韓)조에는 "나라에 철이 난다. 한·예·왜가 모두 이를 가져다 썼다"라고 씌어 있어 왜가 당시 한반도에서 철을 구해가는 과정이 잘 소개되어 있다. 징구우황후 372년 기록에도 "구저(久氐) 등 지꾸마노 나가히꼬(千熊長彦)를 따라가서 7지도 1구, 7자경(子鏡) 1면 및 여러가지 보물을 바쳤다. 이에 아뢰기를 신의 나라 서쪽에 강이 있는데 곡나철산(谷那鐵山)에서 발원합니다. (…) 이 산의 철을 취해서 영원히 성조에 바치겠습니다"(52년조)라고 되어 있어 백제가 철을 가지고 왜를 유혹했음을 알 수 있다. 이후에도 백제가 왜에 제공한 품목이 이런 범주를 크게 벗어나지 않았다는 사실을 봐도 왜가 백제에서 구하고자 했던 선진문물이 철 등이었음을 알 수 있다. 그렇다면 전지를 인질로 보낸 것은 이파이가 얻어간 철 등의 선진문물을 차질 없이 지속적으로 보낸다는 약속의 담보가 아니었는가 생각한다.

404년 대고구려전에 왜를 끌어들인 것이 백제라면 백제는 어떻게 왜로 하여금 가야를 통과하게 했을까

백제가 가야7국을 평정한 것이 369년이다. 그리고 외부의 침략을 받은 가야7국 중의 하나인 '가야(임나가야)'를 구원하여 사직을 부활시켜주는 것이 382년이다. 그런데 왜는 400년 대고구려전에서, 백제가 382년에 사직(社稷)을 부활시켜준 '임나가야'를 그 근거지로 사용하고 있다. 따라서 왜에 대고구려전의 근거지로 '임나가야'를 제공한 주체가 백제였음을 알 수 있다. 당시 백제의 영향 하에 있던 가야제국으로서는 백제를 지원하기 위해 대방계까지 올라가는 왜에 협조하지 않을 수 없었던 것이다.

「광개토대왕비문」에 고구려와 싸운 것으로 나오는 왜가, 실은 백제·왜·가야 3국연합군이고 그 주체는 백제이며 왜는 백제가 선진문물을 제공하고 끌어들인 존재라고 한다면 이는 369년 가야7국 평정 이래 임나를 경영한 주체가 백제라는 『일본서기』 내용과도 잘 합치한다. 이런 사실과 시차는

있지만『일본서기』의 507~562년 사이의 기록에서 백제와
야마또정권이 특수한 용병관계에 있었으며 야마또정권은
백제를 지원하는 입장에 지나지 않았다는 내용과도 잘 부합
한다.

2.『삼국사기』에 보이는 왜

『삼국사기』는 720년에 편찬된『일본서기』보다 400여년이
나 늦은 고려시대(1145년)에 김부식(金富軾)에 의해 편찬되었
다.『삼국사기』에는『일본서기』와 쌍벽을 이룰 만큼 왜에 관
한 내용이 많이 보인다. 그러나 왜의 실체나 왜가 한반도 남
부에서 활동하던 시기, 목적 등이『일본서기』와는 전혀 다르
게 씌어 있다.

『일본서기』는 한반도에 왜를 파견한 주체를 전부 야마또
정권이라고 기록하고 있다. 일본열도를 통일한 야마또정권
이 편찬했으니 어찌 보면 당연한 결과라 할 수 있다. 그런데
『일본서기』는 왜의 한반도 진출 지역에 대해 예외없이 남해
안의 낙동강 하구쪽이라고 명기하고 있다. 그러나 이에 대
해『삼국사기』는 대부분 남해안 낙동강 하구쪽이라고 쓰고

있지만 동해쪽으로 명시된 경우도 적지 않다. 한편, 6세기초까지 일본열도에는 야마또정권 이외에도 이즈모(出雲, 현재의 시마네현), 쯔꾸시(筑紫, 현재의 후꾸오까시), 키비(吉備, 현재의 오까야마현) 등에 아직 독자적인 세력이 존재하고 있었으므로 한반도에 온 왜가 전부 야마또정권이 보낸 세력이었다고 단정지을 수는 없다. 따라서 『삼국사기』에 보이는 왜를 모두 『일본서기』에 보이는 야마또정권이 파견한 세력이라고 할 수는 없을 것이다.

『삼국사기』에 보이는 왜는 단일세력이었다고는 할 수 없다. 그러나 대부분 친백제적이고 반신라적이다. 이는 『일본서기』에 보이는 왜의 성격과도 어긋나지 않는다. 「광개토대왕비문」에서 왜가 백제를 도와 신라·고구려와 싸우는 모습과도 모순되지 않는다.

『일본서기』에는 왜가 대부분 임나경영과 연관이 있는 것처럼 씌어 있다. 그리고 임나경영은 6세기에 절정을 이루고 있는 것처럼 되어 있다. 그러나 『삼국사기』에는 임나문제에 관한 언급이 전혀 없다. 왜에 관한 기록 자체가 기원후 500년의 기록을 끝으로 전혀 보이지 않다가 7세기 후반이 되어서야 다시 나타난다. 6세기에는 왜의 활동이 전혀 보이지 않는다는 것은 야마또정권이 6세기에 임나를 경영한 사실이 없었다는, 『일본서기』에 대한 지금까지의 검토결과와도 일치한다. 즉, 야마또정권은 임나를 경영한 주체가 아니라 백제를 지원하는 입장에 지나지 않았다는 것이다.

3.『송서(宋書)』왜국전에 보이는 왜

심약(沈約, 441~513)이 편찬한『송서』왜국전에는 찬(讚), 진(珍), 제(濟), 흥(興), 무(武) 등 소위 왜의 5왕이 421년에서 478년에 걸쳐서 중국의 송(420~79)에 조공한 기록이 나온다.

왜의 중국에 대한 사신 파견은 266년 서진(西晉, 266~316)에 대한 견사를 끝으로 중단되었다. 그런데 왜왕 찬(讚)이 국교가 단절된 지 147년 만인 413년 동진(東晉, 317~420)에 조공한다. 그리고 420년 송이 들어서자 421년, 425년 잇달아 조공한다.

그런데 찬에 이어 진(珍)은 438년 송에 사신을 파견하면서 "사지절도독 왜·백제·신라·임나·진한·모한 6국 제군사 안동대장군 왜국왕"(황제의 명을 받아서 왜·백제·신라·임나·진한·모한 6국의 군사를 관장하는 안동대장군 겸 왜국왕)을 자칭한다. 478년에는 무(武)가 "사지절도독 왜·백제·신라·임나·가라·진한·모한 7국 제군사 안동대장군 왜국

송서

왕"을 자칭한다. 이때문에 일본 학계에서는 왜 5왕이 자칭한 한반도 남부에 대한 제(諸)군사권이 『일본서기』에 보이는 야마또정권의 한반도 남부경영을 뒷받침한다고 생각해왔다. 『송서』 왜국전이야말로 제3국의 자료로서 객관성이 높다고 보기 때문이다.

그렇다면 왜 5왕은 무엇을 근거로 한반도 남부에 대한 제군사권을 주장한 것일까?

그 배경과 실체를 이해하기 위해서는 먼저 백제·신라·임나·가야·진한·모한(마한) 등, 왜 5왕이 군사권을 주장한 당시 한반도 남부의 상황을 검토해볼 필요가 있다. 이 경우 먼저 왜 5왕이 제군사권을 주장한 백제·신라·임나·가야·진한·마한 등은 서로 중복되고 있다는 데 그 특징이 있다. 5세기 당시 이미 '마한'은 백제에 통합되었으며, '진한'은 신라에 통합되었고, '임나'는 여러 가야 중 하나로 모든 가야를 포괄하는 광의의 '가야'에 포함되어야 하기 때문에 마한과 백제, 진한과 신라, 임나와 가야는 중복된다고 할 수 있다. 따라서 왜 5왕의 주장은 당시 한반도 상황을 정확히 반영한다고 볼 수 없다.

먼저 왜 5왕이 군사권을 주장한 한반도 각국 중에서 백제와의 관계를 보면 백제가 397년 왕자 전지를 왜에 파견하여 399년 대고구려전에 왜를 끌어들인 뒤부터 야마또정권은 백제를 지원하는 입장에 있었다. 백제와의 이런 관계는 6세기에 들어서 야마또정권이 백제로부터 선진문물을 도입하고 백제에 군원을 제공하는 특수한 용병관계로 발전한다. 따라서 야마또정권이 5세기에 백제에 대해 군사권을 주장할 수 있는 입장은 아니었다.

신라에 대해서도 군사권을 주장할 수 있는 상황은 아니었다. 『일본서기』는 물론 『삼국사기』나 「광개토대왕비문」 등 어느 자료를 보더라도 야마또정권과 신라는 적대관계였던 것으로 씌어 있기 때문이다.

한편 '임나'(고령가야)나 '가야'(모든 가야를 포괄하는 광의의 의미)는 369년 가야7국 평정 이래 백제의 영향 하에 있었다. 그리고 '진한'과 '마한' 중 '진한'은 4세기 후반 신라에, '마한'은 4세기 중반 이미 백제에 통합되어 왜 5왕의 시대인 5세기에는 '진한'과 '마한' 모두 이미 한반도에 존재하지 않았다. 따라서 왜 5왕 시대에 임나, 가야, 진한, 마한 중에서 왜가 군사권을 주장할 수 있는 나라는 한반도 어디에도 없었다.

김일성대학 교수를 지낸 북한 역사학자 김석형(金錫亨, 1915~96)은 "왜 5왕이 군사권을 주장한 **모한**과 **진한**이 당시 한반도에는 이미 존재하지 않았다는 사실에 착안하여, 왜 5왕의 주장이 사실을 근거로 한 것이라면 왜 5왕이 군사권을 주장한 나라들은 한반도에 존재하던 나라가 아니라 일본열도에 존재하고 있던 나라들일 수밖에 없다. 따라서 왜 5왕의 자칭은 일본열도의 중앙정권인 야마또정권이 지방권력인 그들에 대한 군사권을 주장한 데 지나지 않는다"고 주장했다. 그리고 야마또정권이 군사권을 주장한 일본열도 내 진한·모한을 비롯한 백제·신라·임나·가야 등은 그 이름으로 보아 한반도의 삼한(진한·마한·변한)과 삼국(신라·고구려·백제) 사람들이 일본열도에 건너가서 세운 분국으로 생각한다는 소위 '삼한 삼국의 일본열도 내 분국론'을 제기하여 일본 학계에 큰 충격을 주었다.

김석형은 경성제국대학 재학 중 스에마쯔의 강의를 듣던 시절부터 임나일본부설에 대한 반격을 준비했던 인물이다. 김석형의 '삼한 삼국의 일본열도 내 분국론'은 당시 '진한'이나 '모한' 등이 한반도 내에 존재하지 않았으므로 왜 5왕의 그들에 대한 군사권 주장이 현실적으로 성립될 수 없다는 논리는 잘 입증한다. 그러나 진한·모한을 비롯한 백제·신라·임나·가야 등이 당시 일본열도 내에 존재하고 있었다는 사실을 구체적으로 입증하는 것은 아니다. 따라서 김석형의 '삼한 삼국의 일본열도 내 분국론'은 관련자료를 일방적으로 한국 측에 유리하게 자의적으로 해석하고 있다고 볼 수 있다. 이런 면에서는 『일본서기』를 일본 측에 유리하게 자의적으로 해석하여 야마또정권의 한반도 남부경영론을 만들어낸 스에마쯔와 다를 바가 없다고 생각한다.

왜 5왕이 처음으로 한반도 남부에 대한 제군사권을 주장한 438년 이전에 왜가 한반도 남부에서 군사활동을 한 사실을 보여주는 확실한 자료는 「광개토대왕비문」에 보이는 400년 대고구려전과 404년 대방계 침입 등 400년을 전후한 기록을 제외하고는 어디에도 없다. 백제와 옛 마한땅, 신라와 옛 진한땅, 그리고 가야와 임나 등은 당시 왜가 대방계까지 올라가 고구려와 싸우기 위해서는 거치지 않으면 안되었을 지역이다. 따라서 왜 5왕의 한반도 남부에 대한 제군사권 주장은 그들이 백제를 지원하던 과정에서 백제와 옛 마한, 신라와 옛 진한, 임나와 가야 등을 거쳐 북상했던 사실을 바탕으로 한 것으로 보인다. 그러나 앞서 살펴본 것처럼 「광개토대왕비문」에 보이는 왜의 대고구려전은 단지 백제를 지원하는 입장에 지나지 않았을 뿐이므로 왜가 이를 바탕으로 한반도 남부에 대한 제(諸)군사권을 자칭할 수는 없다고 생각한다.

그렇다면 어째서 왜 5왕이 400년 전후 단순히 백제를 지원하면서 거쳤던 한반도 남부 제지역에 대한 제(諸)군사권을 자칭하게 되었는가

왜는 원래 중국의 한(기원전 202~기원후 220)이 황해도 지역에 설치한 대방을 통해 중국과 교류하고 있었다. 그러나 고구려가 313년과 314년 대방과 낙랑을 연달아 멸망시킴으로써 대중국 통로가 막혀버렸다. 이후 왜는 399년 백제와 화친을 맺고 400년, 404년 백제의 대고구려전을 지원함으로써 다시 중국에 들어갈 수 있는 통로를 확보할 수 있게 되었다. 당시 일본에서 중국에 들어가기 위해서는 북큐우슈우(北九州)에서 김해까지 와서 백제령인 한반도 서해안을 따라 북상하다가 남양만에서 중국으로 직행하는 항로가 이용되고 있었기 때문이다. 따라서 왜 5왕 찬이 중국과의 국교가 단절된 지 147년 만인 413년 다시 중국에 사신을 파견할 수 있게 된 것

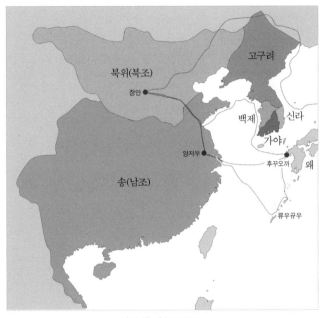

일본의 대중국 루트

은 백제의 도움이 없었다면 불가능한 일이었다고 생각한다.

147년 만에 중국에 사신을 파견한 왜 5왕으로서는 백제를 지원한 데 불과했지만 400년을 전후하여 한반도 내륙을 거쳐 옛 대방계까지 북상하여 동방의 강자 고구려와 싸운 사실은 커다란 자랑거리였으리라 생각한다. 고대국가로 발전하고 있던 왜로서는 이러한 사실을 국내외에 과시할 필요가 있었을 것이다. 그런데 413년 대중국 관계를 재개한 왜왕 찬은 404년 대방계까지 올라가서 고구려와 싸운 왜를 직접 파견한 장본인이었거나 적어도 당시의 사정에 정통했던 인물이 아니었나 생각한다. 찬이 중국에 사신을 파견한 것은 고구려와 싸운 지 10년이 채 안된 시점이기 때문이다. 따라서 404년 대방계에서 고구려와 싸운 백제·가야·왜 3국연합의 주체가 왜였다면 찬이야말로 한반도 남부에 대한 제군사권을 자칭할 수 있는 최적의 인물이었다고 생각한다.

그런데 찬은 413년에 이어 421, 425년에도 중국에 사신을 파견하면서 한반도 남부에 대한 제군사권을 자칭한 흔적이 단 하나도 없다. 이는 왜의 대고구려전이 백제를 지원한 데 불과하고 왜가 한반도 남부에 대한 제군사권을 자칭할 수 있는 입장이 아니었다는 사실을 누구보다도 그가 잘 알고 있었기 때문이 아니었나 생각한다. 그러나 404년 고구려와 싸운 지 한세대쯤 흐른 438년에 사신을 파견한 진은 찬과 달리 한반도 남부에 대한 제군사권을 주장하고 나선 것이다.

왜왕 진이 한반도 남부에 대한 제군사권을 주장했다는 것은 그가 찬과 달리 대고구려전의 주체를 왜로 인식하기 시작했다는 것을 의미한다. 과거 백제를 지원했던 사실을 두고 한세대쯤 시간이 지나자 왜를 주체로 인식하기 시작한 것이다. 따라서 438년 진 이래 왜 5왕의 한반도 남부에 대한 제군사권 자칭은 왜가 대고구려전에서 백제를 지원한 사실을 세월이 흐름에 따라 왜를 주체로 인식한 결과에 지나지 않는다고 생각한다. 전쟁이라는 것은 시간이 흐르면 자기를 중심으로 하는 무용담으로 바뀌기 마련이기 때문이다.

『일본서기』를 보면 야마또정권이 한반도 남부를 지배했다는 소위 '임나경영'은 6세기에 그 절정을 이루고 있다. 그러나 왜의 한반도 남부에 대한 제군사권 자칭은 5세기 즉, 478년을 끝으로 그 이후에는 전혀 보이지 않는다. 따라서 왜 5왕의 한반도 남부에 대한 제군사권 자칭은 『일본서기』에 보이는 야마또정권의 '임나경영'과도 전혀 무관함을 알 수 있다. 한반도 남부에 대한 제군사권을 자칭했으면서도 정작 한반도 남부경영이 절정에 달하는 6세기에는 전혀 그런 흔적을 남기지 않았기 때문이다. 그리고 왜 5왕의 주장이 『일본서기』에 보이는 한반도 남부경영과 무관하다는 면에서도 왜 5왕의 한반도 남부에 대한 제군사권 자칭은 「광개토대왕비문」에 보이는 400년, 404년의 대고구려전을 바탕으로 한 것임을 알 수 있다. 한편 『일본서기』에 보이는 야마또정권의 한반도 남부경영이 「광개토대왕비문」에 보이는 400년 전후 왜의 백제 지원 등을 전혀 반영하지 못하고 있다는 면에서도 『일본서기』에 보이는 임나경영이 얼마나 사실과 괴리되어 있는가를 잘 알 수 있다.

한가지 재미있는 사실은 『송서』에 등장하는 왜 5왕이 『일

본서기』에 등장하는 같은 시기 일본천황들의 이름과 비교
했을 때 음과 훈 어느 쪽으로도 합치되는 인물이 전혀 없다
는 점이다. 계보상으로도 찬, 그 동생 진, 그 아들 제, 그 아
들 흥, 그 동생 무라는 5왕의 계보가 같은 시기 『일본서기』
천황들의 계보와 전혀 일치하지 않는다. 뿐만 아니라 『송
서』에 보이는 왜 5왕의 한반도 남부에 대한 제군사권 주장
이나 송에 대한 사신 파견 등도 『일본서기』에는 일절 보이
지 않는다.

일본 학계에서는 유우랴꾸천황(雄略天皇, 재위 456~79)이
왜 5왕의 마지막인 무(武)가 틀림없다는 전제하에 유우랴꾸
천황을 기점으로 여러가지 조합을 만들어 왜 5왕을 『일본서
기』에 보이는 여러 천황들에 맞춰보고 있다. 그러나 유우랴
꾸천황조차도 그의 재위 기간은 456년에서 479년인데 그와
동일인이라는 무가 478년 송에 보낸 상표문(上表文, 위에 바치
는 글)에서 당시 자신이 부친의 상중임을 밝히고 있어 456년
에 즉위한 유우랴꾸와는 일치할 수 없음을 보여준다. 따라서
왜 5왕은 『일본서기』에 보이는 일본천황들과는 일치하지 않
는 베일에 싸인 인물들이라고밖에는 할 수 없을 것이다. 이
런 면에서는 왜 5왕과 『일본서기』에 보이는 일본천황들과의
관계가 밝혀져야 일본고대사 내지는 야마또정권과 한반도
와의 관계도 좀더 분명해지리라고 생각한다.

4. 영산강 유역의 전방후원형(前方後圓形) 고분과 왜

일본열도에는 대체로 3세기 중엽 이후 생성되어 5세기에 전성기를 이루다가 6세기에 쇠퇴하는 전방후원형 고분[27]이라는, 권력자의 무덤이 존재했다. 전면은 방분(方墳)의 형태를 띠고, 후면은 원분(圓墳)의 형태를 띠고 있는 전방후원형 고분은 야마또정권의 명운과 궤를 같이하고 있다는 점에서 야마또정권의 상징으로 여겨진다. 따라서 전방후원형 고분의 존재 범위가 야마또정권의 세력이 미치는 범위라는 생각이 일반적이다. 그래서 일제시대 일본 학자들은 야마또정권이 한반도 남부를 200여년간 지배했음을 입증하기 위해 가야지역을 중심으로 한반도 남부에서 전방후원형 고분의 흔적을 찾으려고 많은 노력을 기울였다.

---

27 일본에서는 일반적으로 '전방후원분(前方後圓墳)'이라는 학술용어로 통일해 쓰고, 한국에서는 '전방후원형(前方後圓形) 고분'이라고 쓴다. 정확히 따지자면 일본 측 내용을 다룰 때엔 전자를, 한국 측 내용을 다룰 때엔 후자를 써야 하지만, 독자들의 이해를 돕고자 이 책에서는 '전방후원형 고분'으로 통일하고자 한다.

한반도의 전방후원형 고분 분포도(위)와 일본의 전방후원형 고분(아래)

15, 16년 전으로 생각되는데 오오사까에서 아시아사학회의 심포지엄이 개최된 적이 있다. 그때 느닷없이 중국 측 고고학자 W씨가 일본 청중들에게 써비스라도 하려는 듯 얄밉게 '내가 알기로는 전방후원형 고분이 일본에서는 3세기 후반부터 나타나고 한국에서는 5세기말 내지는 6세기부터 나타나는데 왜 한국에서는 전방후원형 고분이 한국에서 기원한다고 하느냐, 한국에서 고명하신 학자들이 오셨으니 답변을 부탁한다'는 요지의 질문을 한 적이 있었다. 당시 일본의 전방후원형 고분이 한국에서 기원한다는 발표를 한 한국학자가 있었고 이를 한국의 매스컴에서 대대적으로 소개한 적이 있었다. 그래서 내가 "나는 전방후원형 고분은 시기적으로 볼 때 일본에서 기원한다고 보는 것이 맞다고 생각한다. 그러나 일본에서 기원하는 전방후원형 고분이 한국에서 발견된다고 해서 당시 야마또정권이 한반도를 지배했다는 증거로 삼을 수는 없다고 생각한다. 그렇다면 한반도에서 기원하는 횡혈식 석실분이 일본열도에서 수없이 나타나는 것은 어떻게 설명할 것인가. 전방후원형 고분이나 횡혈식 석실분은 한일 양지역의 활발한 교류의 결과이지 이를 가지고 야마또정권이 한반도를 지배했다든가 백제가 일본열도를 지배했다는 식으로 이야기해서는 안된다고 생각한다"고 열변을 토하자 장내에서 우뢰와 같은 박수가 터져나왔다. 일본에는

양식있는 사람들이 그만큼 많았다는 증거였다고 생각된다.

일제시대에 발견되지 않던 전방후원형 고분이 근래 한국 서남부지역에서 10여기가 발견되고 있다. 한국에서 발견되는 전방후원형 고분은 경남 고성군의 송학동(松鶴洞)고분을 예외로 하면 해남 장고산(長鼓山)고분, 해남 용두리(龍頭里)고분, 영암 자라봉고분, 광주 월계동(月桂洞)고분, 광주 명화동(明花洞)고분, 함평 신덕(新德)고분, 함평 장고산(長鼓山)고분, 영광 월계(月桂)고분 등 한반도 서남부지역 중에서도 주로 서·남해 및 영산강 유역에 분포하고 있다. 이들 전방후원형 고분은 5세기 후반경 영암 자라봉고분에서 시작되어 6세기 전반경에는 백제 서남부 각지로 확산되어간 것으로 보인다.

전방후원형 고분형 고분이 한반도 서남부에서 발견되자 일본 학자들은 『송서』 왜국전에 보이는 "왜·백제·신라·진한·모한·임나·가야 7국 제군사 안동대장군 왜국왕" 중의 '모한(마한)'이 바로 영산강 유역에 잔존하고 있었고 이 지역이 야마또정권의 지배하에 있었다는 증거가 바로 전방후원형 고분들이라는 주장을 제기하고 있다. 『송서』의 내용이 사실로 입증되었다는 것이다. 이에 스에마쯔의 한반도 남부 경영론이 입증되었다고 생각하는 사람들도 적지 않다. 그러나 '마한'이 당시 한반도에서는 이미 소멸되어 존재하지 않왔다는 것은 아무도 부인할 수 없는 사실이다. 따라서 한반도 서남부에서 발견되는 전방후원형 고분을 가지고 '마한'이 6세기까지 존재했다고 할 수는 없을 것이다.

문헌상으로나 실제로 왜가 한반도에 침입할 때에는 언제나 낙동강 하구인 김해 근처에 상륙하여 낙동강 유역을 따라 북상했다. 주 활동무대도 낙동강 유역을 중심으로 하는 가야지역이었다. 따라서 한반도에 나타나는 전방후원형분이, 야마또정권이 한반도에서 활동한 것과 관련이 있다면 김해 근처나 낙동강 유역을 중심으로 한 옛 가야지역에서 발견되어야 할 것이다.

그러나 현재 전방후원형 고분들은 김해 근처나 낙동강 유역이 아니라, 왜와 우호관계로 활발하게 교류가 이루어지던 백제지역에서 발견되고 있다. 더군다나 백제에서도 왜가 직접 활동했던 지역과는 무관한 한반도 서남부의 전남 영산강 유역에 주로 분포하고 있다. 따라서 영산강 유역에서 발견되는 전방후원형 고분들을 가지고 한반도 남부경영론의 증거로 삼을 수는 없을 것이다.

만약 일본에서 기원하는 전방후원형 고분들이 영산강 유역에 존재하고 있다는 사실을 가지고 야마또정권이 한반도 남부를 경영한 증거라고 한다면, 고구려나 백제에서 기원하는, 횡으로 된 통로를 통해서 들어간 석실에 시체를 안장하는 횡혈식고분(横穴式古墳)이 5세기말에서 6세기에 걸쳐 야마또정권의 핵심부라고 할 수 있는 야마또지역에서 대거 출현하고 있는 사실은 어떻게 설명할 것인가 묻고 싶다. 따라서 전방후원형 고분이 한반도 남부에서 발견된다는 사실만을 가지고 그대로 야마또정권이 한반도 남부를 지배했다는 증거로 삼을 수는 없을 것이다.

영산강 유역에서 발견되는 전방후원형 고분들은 입지환경이나 분형 면에서 일본열도의 전방후원형 고분과 무관하지 않다는 사실이 밝혀지고 있다. 그러나 고분의 구축기법 등에서 세부적인 차이가 있을 뿐만 아니라, 할석(割石)으로 벽을 쌓아 만든 구덩이식 무덤인 수혈식 석곽(竪穴式石槨)과 횡혈식 석실의 세부적인 형식에도 차이가 있다. 또한 일본열도 출토품과 비교하면 영산강 유역 전방후원형 고분에서 발견되는 하니와형(埴輪形, 흙으로 빚은 원통이나 형상 모양) 토제품은 구성이나 기법에서 차이가 있다. 영산강 유역의 전방후원형 고분들에서 출토된 하니와형 토제품은 백제 도질토기 제작공인집단이 관여하여 현지에서 제작된 것으로 해석된다. 따라서 하니와형 토제품이나 이들이 출토되고 있는 전방후원형 고분은 일본열도에서 사용되던 것을 모델로 현지 기술자들이 만든 것으로 추정된다. 그래서 '백제중추의 왕통이 아니라 직접 왜와 교류 관계가 있던 지방수장'이 관

계된 것이 아닌가 여겨진다. 한일 학계에서는 이런 성격에
맞는 피장자(被葬者)가 누구인지에 관심을 기울이고 있다.

결국 영산강 유역에서 발견되는 전방후원형 고분은 양국
인적교류의 소산이라고 하지 않을 수 없다. 그렇다면 당시
백제와 야마또정권 간의 인적교류에 대해 먼저 살펴볼 필요
가 있다.

먼저 양국 왕실간의 교류를 검토해볼 필요가 있다고 생각한다

고대에는 국가간 교류에 있어서도 왕권은 절대적인 영향
력을 갖고 있었기 때문이다. 당시 왜를 끌어들이기 위한 인
질로 파견되었다가 귀국한 직지왕(재위 405~19)이 그 누이동
생 신제도원(新齊都媛)을 일본에 보낸 뒤 백제에서는 적계여
랑(適稽女郎), 지진원(池津媛) 등 왕녀들을 잇달아 일본에 보
낸다. 그들의 혼인 상대가 누구였는지는 기록이 없어 알 수
가 없다. 그러나 선진국에서 건너간 왕녀의 신분이었던 그
들의 혼인 상대가 누구였는가는 쉬이 짐작할 수 있다. 천황
이 "지진원(池津媛)을 취하려 했는데 이시까와노따께(石川
楯)와 관계를 맺었으므로 화형에 처하였다"(유우랴꾸천황 2년
〔457〕 7월조)는 내용으로도 그들의 혼인 상대가 짐작이 간다.
이렇게 해서 일본의 천황가에 백제왕가의 피가 수혈되기 시
작한 것이 아닌가 생각한다.

그러나 지진원사건이 발생하자 백제에서는 461년 왕녀 대신 개로왕의 동생 곤지를 필두로 의다랑(意多郎), 마나군(麻那君), 사아군(斯我君) 등 남자 왕족들을 보내기 시작한다. 특히 곤지는 477년경 귀국할 때까지 일본에서 다섯 아들을 두었던 것으로 되어 있다. 그중에서 둘째 동성왕(재위 479~500)은 479년에 귀국하여 먼저 왕위에 올랐고, 501년 무령왕이 그 뒤를 잇는다.

그런데 일본에서 8년 만에 귀국한 직지왕의 부인 이름이 '팔수부인(八須婦人)'으로 씌어 있다. 고대 일본에서는 사람 이름에 '八'이라는 글자가 흔히 들어간다. 그러나 한국에서는 사람 이름에 '八'자를 사용하는 예가 거의 없다. 따라서 직지왕의 부인은 일본 여인이었을 가능성이 높다. 사실 일본은 661년 백제 왕자 풍의 귀국에 즈음해서 그를 일본 여인과 혼인을 맺게 한 예가 있다. 이런 면에서도 야마또정권은 직지가 귀국하기에 앞서 그를 일본 여인과 혼인을 맺게 했을 가능성이 높다. 그렇다면 동성왕이나 무령왕의 부인도 일본 여인이었을 가능성이 높다. 그들도 일본에서 성장하여 혼기가 지나 귀국했기 때문이다. 만약 일본이 백제의 왕자들을 정책적으로 혼인시켜서 돌려보냈다면 그 상대는 황가의 여인들이었을 가능성이 높다. 백제의 왕자들이 혼인한 상대가 천황가의 여자들이었다면 백제 왕가에도 일본천황가의 피

스다하찌만궁의 화상경

가 수혈되기 시작한 셈이다.

한편 곤지의 다섯 아들 중 귀국하여 왕이 된 동성왕과 무령왕을 제외한 나머지 셋은 이후의 기록이 없어서 그 행방이 묘연하다. 그런데 일본 와까야마현(和歌山縣) 스다하찌만궁(隅田八幡宮)에서 발견된 방제경(倣製鏡, 중국 동경을 본떠서 만든 거울)에는 "기미년(503)에 사마(斯麻)가 남제왕(男弟王)의 장수를 염원해서 이 거울을 만들어 보냈다"는 요지의 명문이 있다.

사마(斯麻)는 백제 무령왕의 이름이다. 따라서 이 거울을 만들어 보낸 사마가 무령왕이 틀림없다면 이 거울은 무령왕이 그 남동생 왕(男弟王)의 장수를 기원해서 만들어 보낸 셈이 된다. 당시 일본에서는 아직 천황이라는 호칭은 사용되지 않았고 실제로는 '왕'이라는 호칭이 사용되고 있었다.

그렇다면 무령왕이 당시 남동생 왕이라고 칭했던 일본왕은 누구였을까

『일본서기』에 의하면 사마가 거울을 만들어 보낸 503년 당시 일본천황은 부레쯔천황(武烈天皇, 재위 498~506)이다. 그 뒤를 이어 현 천황가의 시조로 생각되는 26대 케이따이천황이 507년에 등극한 것으로 되어 있다. 그러나 『일본서기』의 케이따이천황에 관한 기록에는 3년의 오차가 있다. 따라서 케이따이천황의 실제 원년은 507년이 아니라 504년일 가능성도 있다. 그리고 천황의 원년은 앞의 천황이 죽은 해로부터 할 것인가 그 다음해로부터 할 것인가에 따라서 1년의 오차는 흔히 발생한다. 다시 말하면 케이따이천황 원년은 504년이지만 실제로 등극한 해는 503년일 수 있다는 것이다. 그렇다면 무령왕이 남동생 왕이라고 칭한 일본의 천황은 케이따이천황이었을 가능성이 높다.

방제경은 백제에서 만들어졌으므로 '남제왕(男弟王)'은 백제에서 사용하던 한자 뜻대로 '남동생 왕'이라는 의미였다고 생각한다. 따라서 케이따이천황은 무령왕의 '남동생 왕'일 가능성이 높다. 그렇다면 스다하찌만궁에서 발견된 방제경은 무령왕이 남동생 케이따이천황의 즉위에 맞추어 그 장수를 기원하여 제작해 보낸 것이라고 할 수 있다.

케이따이천황은 여러가지로 수수께끼에 싸인 인물이다. 『일본서기』에는 일본천황가가 초대 진무천황 이래 125대 현 천황까지 소위 '만세일계'로 한 집안에서 쭉 내려온 것으로 씌어 있지만 학계에서는 일반적으로 왕조가 세번 바뀌었고 현 천황가의 시조는 바로 세번째 왕조를 연 26대 케이따이 천황이라고 본다.

『일본서기』에는 부레쯔천황이 죽고 후사가 없어서 적당 한 사람을 찾다가 아버지가 16대 오오진천황의 5대손이고 어머니가 11대 스이닌천황(垂仁天皇)의 7대손인 케이따이를 옹립한 것으로 되어 있다. 그런데 케이따이천황 아버지의 5 대조로 되어 있는 16대 오오진천황은 두번째 왕조의 천황이 고 어머니의 7대조로 되어 있는 11대 스이닌천황은 첫번째 왕조의 천황이다.

따라서 일부 학계에서는 케이따이천황의 출신이 불분명 하므로 그 정통성을 확보하기 위해 부모를 이전 두 왕조 천 황들의 자손으로 하는 계보를 인위적으로 만들어냈다고 보 고 있다. 게다가 케이따이천황의 '케이따이(繼體)'라는 말

자체가 새로이 왕조를 계승했다는 의미가 있다. 따라서 무령왕이 '남동생 왕'이라고 칭한 일본천황이 케이따이천황이 틀림없다면 케이따이천황이야말로 행방을 알 수 없는 곤지의 세 아들 중 하나가 아니었을까.

2001년 12월 23일 현 일본천황이 2002년 한일월드컵 공동개최와 관련한 한일 양국의 인적·문화적 교류에 대해 언급하면서 "내 개인으로서는 캄무천황(桓武天皇, 재위 782~805)의 생모가 백제 무령왕의 자손이라고 『속일본기(續日本記)』에 씌어 있는 데 대해 한국과 연을 느끼고 있다"고 말한 사실은 일본황실의 백제에 대한 생각의 일단을 보여준다.

어쨌든 5세기 후반에서 6세기에 걸쳐 백제 왕가와 일본천황가 사이에는 혈연관계가 생겼고, 백제에서는 일본에서 성장해서 귀국한 인물들이 왕으로 등극했으며, 일본에서는 동성왕과 무령왕의 동생이거나 무령왕이 '남제왕'이라고 부르는 인물이 천황으로 등극한 것이다. 양 왕실간의 이런 관계가 바탕이 되어 6세기에는 양국간에 백제는 선진문물을 전해주고 야마또정권은 군원을 제공하는 특수한 용병관계까지 성립될 수 있었다. 이 용병관계에 중개역할을 하던 인물들은 일본 호족의 자제들로 백제에 와서 벼슬을 하던 동방령 모노노베노 마가무노무라지(物部莫奇武連)·시나노아히따(斯那奴阿比多)·나솔고세노 기마(奈率巨勢奇麻)·나솔기노오미 미마사(奈率紀臣彌麻沙)와 하차리의 지방장관 호즈미노오미 오시야마(穗積臣押山) 등이고, 다른 한편 백제에서 일본으로 교대로 건너가 선진지식을 전수하던 오경박사 단양이(段楊爾)·고안무(高安茂)·유귀(柳貴)·학자 동성자언(東城子言)·역박사 왕도량(王道良)·의박사 왕유능타(王有凌陀) 등이 아니었나 생각한다.

백제에서 활약한 왜계 백제관료들은 원래 한반도 출신인 일본 호족의 자제들로 주로 일본에 사신으로 파견되거나 백제의 지방장관으로 활약하고 있었다. 사신으로 파견되는 경우에는 주로 일본에 선진문물을 전해주고 군원을 얻어오는 역할을 했다. 지방장관으로는 차리(哆唎, 영산강 동안)의 지방장관 호즈미노오미 오시야마, 동방(충남 은진)의 영(領) 모노노베노 마가무노무라지, 임나지역에서 활약하던 코세노오미(巨勢臣)·키비노오미(吉備臣) 등이 있다. 이들은 백제 지방장관으로서 백제를 지원하기 위해 파견된 왜병들을 지휘하기도 했다.

그런데 모노노베노 마가무노무라지가 영(領)으로 재임하고 있던 동방은 지금의 충남 은진으로 백제 조정의 영향력이 직접 미치고 있던 지역이라고 할 수 있다. 그리고 코세노오미·키비노오미 등이 배치되어 있던 임나지역은 백제가 직접 군을 배치하고 있던 지역이다. 반면 호즈미노오미 오시

야마가 배치되어 있던 차리(哆唎, 영산강 동안)는 한반도 서남부로 백제 중앙으로부터 비교적 멀리 떨어져 상대적으로 그들의 색채를 남길 수 있었던 지역이 아니었나 생각한다.

그런데 호즈미노오미 오시야마가 지방장관으로 있던 차리는 전방후원형 고분이 발견되는 지역과 중복된다. 다시 말하면 전방후원형 고분이 발견되는 지역은 왜계 백제관료가 지방장관으로 배치된 지역 중에서 백제 조정이 직접 장악하고 있던 지역이나 중앙에서 군을 파견하여 상주시키던 지역이 아니라 조정으로부터 비교적 자유스러운 지역이라고 할 수 있다. 따라서 영산강 동안 차리의 지방장관으로 있던 호즈미노오미 오시야마야말로 '백제중추의 왕통이 아니라 직접 왜와 교류 관계가 있던 지방수장'이라는 성격에 맞는 인물이 아닐까 생각된다. 더욱이 호즈미노오미 오시야마가 최초로 사서에 등장하는 것은 513년(케이따이천황 6년 4월조)으로 영산강 유역에 축조된 전방후원형 고분의 축조연대와도 잘 합치한다. 어느정도 독자성을 보유하고 있던 지역의 지방장관이었기 때문에 다른 지역의 왜계 지방장관들과는 달리 백제와 왜의 색채를 띤 전방후원형 고분을 남길 수 있었던 것이 아닌가 생각한다.

한반도에서 전방후원형 고분이 발견되는 5세기말에서 6세기 전반경에 걸쳐 일본열도에서도 고구려나 백제에서 기원하는 횡혈식 석실분이 광범위하게 나타나게 된다. 그런데 당시 백제와 왜는 여러 형태로 교류하고 있었다. 따라서 일본열도에 나타나는 횡혈식 석실분이나 한반도에 나타나는 전방후원형 고분은 백제와 일본의 다양한 형태의 교류 결과로 이것들을 근거로 '삼한 삼국의 일본열도 내 분국론'이니 '한반도 남부경영론'을 주장할 수는 없을 것이다.

결론을 대신하여

목라근자(木羅斤資)가 369년 가야7국을 평정하고 382년 임나(고령가야, 대가야)를 구원함으로써 백제의 임나경영이 시작되었다. 그후 백제의 임나경영은 목라근자의 아들 목만치(木滿致)를 비롯하여 목군 유비기(木君有非岐), 목군 윤귀(木君尹貴) 등 주로 목씨 일족에 의해 이루어졌다. 그러나 임나경영의 토대를 만든 목라근자의 아들 목만치가 475년 고구려 장수왕의 공격으로 수도 한성이 함락되자 구원을 청하러 도일하였다가 '소가(蘇我)'에 정착하게 된다. 그가 바로 100여년간 야마또정권의 실권을 장악했던 소가씨의 조상 소가만지(蘇我滿智)이다.

그런데 신라가 한반도를 통일하자 일본과 신라 간에는 대립이 심화되고 일본에서는 한반도 각국을 일본에 조공을 바치던 나라로 취급하는 번국(蕃國)사상이 유행하게 된다. 따라서 소가만지의 자손들은 자기들의 정당성을 확보하기 위해 조상인 소가만지가 원래부터 왜인이었음을 주장하게 된다. 그 결과 각 씨족들이 제출한 자료를 근거로 『일본서기』를 편찬하는 과정에서 소가만지의 부 목라근자를 비롯한 목씨 일족들이 백제의 장군으로서 수행한 임나경영이 일본천황의 명에 의해서 이루어진 것처럼 되어버린 것이다.

백제의 임나경영이 절정에 달했던 6세기 백제는 일본 호족의 자제로 백제에 와서 관료로 일하던 인물들의 일부를 임나지역에 배치했다. 이는 당시 임나지역에서는 대립하고 있었지만 대고구려전에서는 동맹관계에 있던 신라와의 직접적인 충돌을 피하기 위해서였다. 그러나 그들이 임나지역에 들어가서 활약하게 된 유래를 잘 알지 못하던 『일본서기』의 편자는 '백제삼서' 등 백제 측 자료에 보이는 그들이 일본의 씨와 성을 가지고 있으므로 그들을 야마또정권에서 파견한 인물들로 오해하여 그들이 소속되었던 백제의 '임나○○부', 그들이 활동하던 백제의 '임나○○현읍'에 그 성격을 분명히 하기 위해 7세기 후반에야 생겨난 '일본'이라는 말을 써넣음으로써 가공의 '임나일본부'나 '임나일본현읍'이라는 것이 생겨났고, 그 '일본'이라는 표현 때문에 후대에 그것들이 마치 야마또정권의 현지기관이나 직할령인 것처럼 인식되기 시작한 것이다.

결국 『일본서기』에 야마또정권이 한반도 남부를 지배한 것처럼 되어버린 것은 『일본서기』 편자의 관계자료에 대한 오해에서 비롯된 것이라고 할 수 있다. 이러한 역사의 오해가 천여년의 세월이 흐른 뒤 임진왜란이나 한일강제병합이라는 한일 양국간의 불행의 씨앗이 되고 말았다. 그리고 한일관계 내지는 하나의 공동체를 향해 나아가고 있는 동아시아 세계에 있어 최대의 걸림돌로 작용하며 여전히 그 불씨가 꺼지지 않고 있다.

　　이 책이 한일간에 역사의 오해를 불식시켜 한일관계, 나아가서는 동아시아 세계가 하나의 공동체를 이루는 데 자그마한 초석이라도 되었으면 하는 마음 간절하다.

역사적으로 한국과 가장 관계가 깊은 나라 중 하나가 일
본이다. 인종과 언어가 닮았고, 전근대에는 한국이 많은 문
화를 전해주었고, 근대화과정에서는 거꾸로 일본으로부터
많은 것을 배웠다. 과거에 관계가 깊었다는 것은 앞으로도
깊은 관계를 맺어나가지 않을 수 없다는 것을 의미한다. 그
럼에도 불구하고 1970년대까지만 해도 한국에서는 일본의
역사에 대한 연구가 거의 없었다. 이런 상황에서 당신들은
중국사를 전공하셨으면서도 일본사의 필요성을 설파하셨던
분들이 고려대학교의 정재각, 김준엽 두 분 선생님이셨다.
두 분 스승의 권유와 도움으로 일본사 연구에 뜻을 두고 일
본유학길에 올랐다.

해방 후 최초로 일본에 건너가 일본역사를 연구하다 보니
한국에서 일본을 잘못 알고 있는 부분이 너무도 많다는 생

각을 하게 되었다. 귀국 후 객관적으로 일본을 알리는 데 주력했다. 대학강의뿐만 아니라 외부강연 등을 통해서 대중들에게 일본이 어떤 나라인가를 알리려 노력했다. 그러나 직접 대화만으로는 한계를 느꼈다. 그래서 글을 통해 대중들에게 다가가는 방법을 택했다. 딱딱한 연구결과를 대중들에게 쉬운 글로 제공하여 역사인식 향상에 기여하시면서 일본천황가의 만세일계론(萬世一系)론에 대해 3왕조교체(三王朝交替)설을 주창하셨던 와세다대학의 은사 미즈노 유우(水野祐) 교수의 가르침이 컸다.

먼저 비즈니스 등 실생활에서 일본사람들과 직접 부딪치는 분들에게 다소나마 도움이 되고자 1996년 『김현구 교수의 일본이야기』라는 책을 출간하여, 오랜 유학생활을 통해서 스스로 체험한 에피쏘드를 통해 일본사람들의 주요 특성을 제시하고 그런 특성이 역사적으로 어떻게 생겨났는가를 알리고자 했다. 일본의 본질을 이해하는 데 도움이 되었던지 출간 당시 대단한 반응을 일으켜 베스트셀러가 되었다. 그만큼 한국사회에서 일본을 정확히 알고 싶어하는 분들이 많았다는 이야기다.

책을 출간한 뒤에도 고민은 이어졌다. 한국인들이 일본을 잘못 이해하게 된 주요 원인은 무엇일까. 아마도 일본의 역사와 문화에 대한 오해에서 비롯된 바가 크다는 데 생각이 미치게 되었다. 예를 들면 일본이 백제사람들이 건너가 세운 나라이라거나 그 영향하에 있던 나라 정도라거나 하는 오해들이 있다. 그러다보니 근대화과정에서 일본으로부터 많은 것을 들여왔음에도 불구하고 부지불식간에 일본을 무시하는 생각들이 뿌리깊게 자리잡고 있다. 그러나 일본에서는 거꾸로 고대에는 자신들이 한반도의 가야를 비롯하여 신라나 백제까지도 지배했다고 생각하고 있다. 양국관계의 발목을 잡고 있는 역사교과서 문제도 여기서 비롯되고 있다.

이러한 오해를 해소하는 것이 시급하다는 생각에서 2003년『백제는 일본의 기원인가』를 출판하게 되었다. 백제와 일본의 관계를 바로 알렸다는 나름대로의 성과가 없지는 않았지만 뭔가 부족하다는 생각을 하게 되었다. 문득 역사의 오해는 그 근원부터 풀어야 한다는 생각이 들었다. 1592년 임진왜란, 1910년 한일강제병합의 주요 명분이 됐고 현재는 한일역사분쟁의 근원이 되고 있는 소위 '한반도 남부경영론'의 실체가 무엇인가를 양국 국민들에게 올바로 알려야겠다는 데 생각이 이르게 되었다. 그래서 한일강제병합 100주년이 되고 새로운 100년을 바라보는 2010년『임나일본부설은 허구인가』를 출간하게 되었다.

현대인들은 정신적으로 무척 지쳐 있다. 도처에서 스트레스를 받고 있고 일에 시달리고 경제적으로 고통받고 있다.

이럴 때일수록 인간을 풍요롭게 하고 살찌우게 하는 인문학의 역할이 절실해진다. 특히 역사는 인간을 여유롭게 하고 무한한 지혜를 제공하는 보고(寶庫)다.

일본에는 한국이나 중국 측 자료에는 보이지 않는 귀중한 자료들, 예를 들면 삼국을 통일하기 위해 신라의 김춘추가 일본에 건너가 활약한 이야기 등이 잘 보관되어 있다. 앞으로는 이런 자료들을 바탕으로 한 쉬운 글로, 대중들에게 한국사의 외연을 넓혀주고 올바른 한일관계사상을 제공하는 데 힘을 기울일 작정이다.

끝으로 학문에 정진할 수 있게 평생 말 없이 뒷받침해 준 아내 윤옥희에게 이 책으로 고마움을 표하고 싶다. 그리고 고려대학교 역사교육과에서의 인연으로 『김현구 교수의 일본이야기』에 이어 이번에도 좋은 표지를 만들어주신 JW REALIES 김진원 사장에게도 감사의 마음을 전하고 싶다.

연대	사건	근거
369년	목라근자, 가야7국 평정	징구우황후 49년조
383년	목라근자, 가야(임나) 구원	징구우황후 62년조
396년	백제, 고구려에 크게 패함	광개토대왕비 영락 6년조
397년	백제, 왕자 전지를 왜에 인질로 보냄	오오진천황 8년조
399년	백제, 왜와 화통	광개토대왕비 영락 9년조
400년	고구려, 왜를 '임나가라'까지 추격	광개토대왕비 영락 10년조
404년	왜, 대방계(황해도)에까지 침입	광개토대왕비 영락 14년조
405년	전지, 귀국 후 왕으로 즉위	
413년	왜 5왕 찬, 147년 만에 중국 남조에 조공	『진서(晉書)』
438년	왜 5왕 진, 한반도 남부에 대한 군사권 자칭	『송서』 왜국전
5C 전반	염수진, 임나의 요청으로 삼기문에 진주	『신찬성씨록』
461년	곤지(백제 개로왕의 동생), 도일(渡日)	유우랴꾸천황 5년조
475년	목만치, 도일	

478년	왜 5왕 무, 한반도 남부에 대한 군사권 자칭. 이를 중국 송이 인정	『송서』 왜국전
479년	동성왕(곤지의 아들), 왜에서 귀국하여 왕으로 즉위	유우랴꾸천황 23년조
487년	임나 주둔 키노 오히하노스꾸네(목군 유비기)의 반란	켄조오천황 3년조
503년	사마(백제 무령왕), 남제왕(南弟王)의 장수를 기념하는 거울을 보냄	스다하찌만궁 거울 명문
509년	'임나일본현읍'이라는 직할령 등장	케이따이천황 3년조
529년	오우미노 케나노오미(목군 윤귀), 임나 부흥회의 주관	케이따이천황 23년조
543년	임나에 배치된 백제의 '군령' '성주' 확인	킴메이천황 4년조
	'임나일본부'라는 지배기구 등장	
562년	임나 멸망. 키노 오노마로 임나 구원에 나섬	킴메이천황 23년조
663년	백제의 달솔 길대상이 일본에 망명	텐지천황 10년조
7세기 후반	'일본'이라는 국명 등장	
720년	『일본서기』 편찬	

* '징구우황후 00년조' 등은 모두 『일본서기』의 기록 연대를 말한다.

| 찾아보기 |

ㄱ

가야(고령가야) 41~42, 45, 48,
    55~60, 75, 85, 97~99, 101,
    117, 136, 172, 197

가야7국 41~42, 45~48, 50~61,
    73, 79, 83~84, 86, 90, 96,
    102, 107~08, 119, 121, 126,
    162, 167, 173, 197, 204

개로왕(蓋鹵王) 43, 49, 109, 117,
    120, 187, 204

견수사(遣隋使) 24

결사(缺史) 8대 112~13

『고사기(古事記)』 80, 125

고해진(古奚津) 44~47, 84

곤지(昆支) 117, 187~88, 191,
    204~05

관산성(管山城)싸움 144, 146,
    151

「광개토대왕비문(廣開土大王碑
    文)」 18~19, 26~27, 30,
    100~01, 116, 119, 149,
    155~56, 158~59, 161,

163~65, 167, 172, 174, 178, 204

광개토왕(廣開土王) 26, 156, 159, 165

구야한국(狗邪韓國, 김해가야) 16, 20, 100

구이신왕(久爾辛王) 115~16

귀수왕(貴首王＝근구수왕) 44, 46, 52, 70

근구수왕(近仇首王) 44, 46~47, 51~52, 54, 70

근초고왕(近肖古王) 44, 45~47, 51~52, 54, 70, 84, 165~66

김부식(金富軾) 168

김석형(金錫亨) 173~74

ㄴ

나기타갑배(那奇他甲背) 18~19, 61~62, 64~65, 97~98

나까 미찌요(那珂通世) 23

키노오미 나솔미마사(紀臣奈率彌

麻沙) 134~35

나솔코렌(奈率己連) 134~35

남가야(금관가야) 43, 58, 69~71, 84, 96

남거성(男居城) 102, 158, 164

남선경영론(南鮮經營論) 22

남조(南朝) 21, 22, 141~42, 204

노리사치계(奴唎斯致契) 31

ㄷ

달솔 길대상(吉大尙) 88~90, 126, 205

대가야 42~43, 48, 59, 75, 86, 90, 97, 108, 197

대방계(帶方界) 26~28, 101, 159, 160~61, 163, 167, 174, 176~77, 204

도네이(舍人)친왕 25

동한(東韓) 53, 77, 80, 122, 184

ㅁ

마나갑배(麻那甲背) 68, 71, 73~74

마로(麻鹵) 68, 70~74

만세일계(萬世一系) 129, 190, 201

메이지유신(明治維新) 24, 36

목군 마나(木君麻那) 67

목군 유비기(木君有非岐) 56, 60, 67, 69, 74, 79~80, 83~84, 91~92, 95, 98, 108, 121~22, 125, 197, 205

목군 윤귀(木君尹貴) 56, 67~68, 71~74, 79, 83~84, 92, 96, 108, 121~22, 197, 205

목라근자(木羅斤資) 42~45, 47~50, 52, 55~61, 67, 74, 79, 83~86, 91~92, 95, 97~98, 102, 104, 107~10, 115, 117~21, 126, 197~98, 204

목만치(木滿致) 48~49, 67, 74, 79, 84~86, 92, 95~96, 102, 107~12, 115~22, 126, 197

무령왕(武寧王) 112, 120, 187~91

무령왕릉(武寧王陵) 141~42

미군(주한미군) 151

ㅂ

반파(伴破) 136~37, 139, 144, 146~47

방제경(倣製鏡) 188~90

「백제기(百濟記)」 57~59, 65, 85, 96, 102, 109~10, 116, 119

「백제본기(百濟本記)」 58, 65, 94, 150

백제삼서(百濟三書) 58, 198

「백제신찬(百濟新撰)」 58

백촌강(白村江)싸움 39, 40, 89

부레쓰천황(武烈天皇) 189~90

『부상략기(扶桑略記)』 114

비다쓰천황(敏達天皇) 139

ㅅ

사까와 카게노부(酒句景信) 157

사마(斯麻) 112, 188~89, 205

사이고오 타까모리(西鄉隆盛) 24

사이메이천황(齊明天皇) 39, 40

『삼국사기(三國史記)』 25, 30~31,
　　46, 48, 75, 79, 108, 110,
　　116~18, 147, 155~56, 159,
　　162, 165, 168~69, 172

『삼국지』 동이전 진한(辰韓)조
　　166

삼기문(三己汶) 42, 88~91, 98~99,
　　125~26, 204

삼한 삼국의 일본열도 내 분국론
　　173~74, 194

성명왕(聖明王＝성왕) 52, 69,
　　134~35

성왕(聖王) 37, 52, 54, 65, 69,
　　70~73, 90, 120, 146, 149~50,
　　187~88, 191, 205

소가노 우마꼬(蘇我馬子) 112~14

소가만지(蘇我滿智) 110~11,
　　115, 198

소가(蘇我)씨 111~15, 197

속고왕(速古王＝근초고왕) 52,
　　69

『속일본후기(續日本後紀)』
　　88~89, 125~26, 191

『송서(宋書)』 26, 28~30, 155~56,
　　170~71, 178, 183, 204~05

스다하찌만궁(隅田八幡宮) 188,
　　190, 205

스슌천황(崇峻天皇) 111

스에마쯔 야스까즈(末松保和)
　　16, 18, 20~21, 24, 41, 43, 68,
　　100, 130, 132~33, 139, 174,
　　183

스이꼬천황(推古天皇) 24, 111,
　　114

스이닌천황(垂仁天皇) 190

스진천황(崇神天皇) 88, 98

시게노 야스쯔구(重野安繹) 36

『신찬성씨록(新撰姓氏錄)』
   87~88, 98, 115, 125, 142, 204
심약(沈約) 28, 170

ㅇ

아까히또천황(明仁天皇) 129
아라따와께(荒田別) 43~44,
   47~48, 50
아스까사(飛鳥寺) 113~14
아신왕(阿莘王) 119, 165
야마또(大和)정권 16, 18~22,
   25, 27, 33, 44, 50, 54, 56,
   58~65, 67~73, 83, 84~86,
   88, 90, 93~95, 100, 111, 113,
   115, 117, 121~22, 125, 129,
   130~33, 135~36, 138~40,
   142~43, 145~51, 155~56,
   162, 165, 168~74, 178~80,
   182~87, 191, 197~99
염수진(鹽垂津) 88~92, 125~26,
   204

오경박사(伍經博士) 142~43,
   145~46, 192
오오또모노 카나무라오무라지(大
   伴金村大連) 137, 139
오오진천황(應神天皇) 43, 53, 85,
   108~10, 116, 190, 204
오우미노 케나노오미(近江毛野
   臣) 41, 55~56, 67, 68, 70~75
왕인(王仁)박사 31
왜(倭) 5왕 28~29, 170~79,
   204~05
요우메이천황(用明天皇) 111
용병(傭兵) 144, 147, 168, 172,
   191
위가기미 유비기(爲哥岐彌 有非岐)
   65~67
유우랴꾸천황(雄略天皇) 179,
   185, 204~05
이끼미(印支彌) 94, 150
이마니시 류우(今西龍) 24
이와꾸라 토모미(岩倉具視) 24

이와센쯔까 고분군(岩千塚古墳群) 123

이진희(李進熙) 156

임나(任那)가야 16, 18, 20, 28, 55, 100, 102, 159, 161, 164, 167

임나(任那)경영 41~42, 55~57, 69, 73, 75, 79, 81, 83~85, 87, 89, 91, 93, 95, 96, 97~103, 105, 107~09, 111, 113, 115, 117, 119, 121~23, 125~26, 129, 155~56, 158~59, 169, 178, 197~98

임나(任那)부흥회의 42, 67, 69, 71~73, 121

임나일본현읍(任那日本縣邑) 85~86, 198, 205

墳) 180~86, 193~94

정한론(征韓論) 24

종발성(從拔城) 28, 100, 102, 159, 161

지진원(池津媛) 186~87

직지왕(直支王) 53, 115~16, 186~87

직할지(미야께, 屯倉) 133

진(珍) 28, 170, 177, 179

진무천황(神武天皇) 129, 190

징구우황후(神功皇后) 35, 40~41, 43~45, 54~56, 58, 97, 108, 162, 165, 204~05

징구우황후의 삼한정벌 36, 39

쯔다 소오끼찌(津田左右吉) 23, 48

쯔모리노무라지(津守連) 92, 134~35

ㅈ

장수왕(長壽王) 26, 48, 109, 156, 197

전방후원형 고분(前方後圓形 古

ㅊ

차리(哆唎) 37, 53, 76, 78, 150, 192~93

찬(讚) 28, 170, 175~77, 179, 204

칠지도(七支刀) 157~58

침미다례(忱彌多禮) 44~46, 49, 50, 53~54

ㅋ

카가와께(鹿我別) 43, 47, 50, 52

카라구니까라노까미 123

카하헤노오미 니혜(河邊臣瓊缶) 76~78

칸 마사또모(菅政友) 23

캄무천황(桓武天皇) 191

케이따이천황(繼體天皇) 41, 51, 55~56, 67~68, 72, 74, 83, 85, 129~30, 137, 145, 148, 189~91, 193, 205

켄조오천황(顯宗天皇) 18, 41, 55~56, 61~62, 65, 97, 99, 205

코세노오미(巨勢臣) 94, 150, 192

코오겐천황(孝元天皇) 113

쿠니까까스까미(國懸神) 123

쿠메 쿠니따께(久米邦武) 36

키노 오노마로(紀男麻呂) 41, 55~56, 75~76, 78~80, 83~84, 98, 122~23, 205

키노 오히하노스꾸네(紀生磐宿禰) 18~20, 41, 55~56, 60~65, 69, 97, 205

키비노오미(吉備臣) 69, 94, 134~35, 150, 192

킴메이천황(欽明天皇) 19, 41, 51~52, 56, 65, 67, 70, 72~73, 74, 77, 90, 92, 94, 134~35, 137~38, 142, 145~46, 148, 150~51, 205

ㅌ

탁순(卓淳) 43, 45, 47~48, 50~52, 54, 58, 70, 96

텐지천황(天智天皇) 205

ㅍ

『풍토기(風土記)』 123

ㅎ

하니와형(埴輪形) 토제품 185

한반도 남부경영론 23, 25~26,
30, 32, 35~36, 41, 77, 174,
184, 194, 202

한일강제병합 6, 8, 9, 24~25, 41,
92, 199, 202

헤이안시대(平安時代) 113

호시노 히사시(星野恒) 36

횡혈식(橫穴式) 석실분(石室墳)
123, 124, 182, 185, 194

임나일본부설은 허구인가: 한일분쟁의 영원한 불씨를 넘어서

초판 1쇄 발행/2010년 12월 24일
초판 3쇄 발행/2022년 8월 16일

지은이/김현구
펴낸이/강일우
책임편집/박대우
펴낸곳/(주)창비
등록/1986년 8월 5일 제85호
주소/10881 경기도 파주시 회동길 184
전화/031-955-3333
팩시밀리/영업 031-955-3399 편집 031-955-3400
홈페이지/www.changbi.com
전자우편/human@changbi.com

ⓒ 김현구 2010
ISBN 978-89-364-8259-6 93910